Patrick Möller

FONDOLINO

Finanzwissen für Kinder

Die Welt der Börse, Unternehmen, Banken und
des Geldes Kind- sowie Schulgerecht erklärt

Vorwort

Zuerst einmal herzlich willkommen in der Welt der Finanzen.

Dieses Buch habe ich geschrieben, um dir eine erste Übersicht über die Welt der Finanzen zu geben. Es war mir wichtig, alle Sachen aus diesem Bereich so zu schreiben, dass ein Kind sie mit viel Spaß lesen und verstehen kann. Da diese Dinge leider nicht in der Schule beigebracht werden, jedoch unabdingbar zum Leben dazugehören, habe ich es mir zur Aufgabe gemacht, mit diesem Buch alles zu erklären.

In diesem Buch wird dir also erklärt, wie die Börse funktioniert, was Aktien oder Fonds sind sowie die Geschichte des Geldes in einer kurzen Übersicht erzählt.

Ebenfalls wird auf die Geschichte der Banken eingegangen.

Ich würde mich sehr freuen, wenn dieses Buch irgendwann auch mal den Weg in den Schulunterricht einschlägt.

Schließlich sind dies Sachen, die im echten Leben eine sehr wichtige Rolle spielen. Von daher können Kinder wie du nicht früh genug alles darüber lernen, um später richtig damit umzugehen und schnell finanziell frei zu werden. Vielleicht hilft dir das alles auch später bei der Berufswahl.

Ich würde mich sehr freuen!

Dein Patrick

Inhaltsverzeichnis

Kapitel 1   Die Welt der Börse/Aktien und Fonds

Kapitel 2   Unternehmensarten

Kapitel 3   Führung durch die Fondolino AG

Kapitel 4   Was ist da in der Produktionshalle los?

Kapitel 5   Das Fondolino

Kapitel 6   Die Zeitreise durch die Geschichte des Geldes beginnt

Kapitel 7   Die Rückkehr in die Fondolino AG & ein Gespräch mit Herrn Goldig

Kapitel 8   Die Reise zu den Unternehmerbeispielen

Kapital 9   Die Welt der Banken und was eine Bank eigentlich ist

Kapitel 10   Der Tag geht zu Ende & auf nach Italien

Kapitel 11   Fortführung der Unternehmensarten

Kapital 12   Was können wir aus der Geschichte lernen?

Kapitel 13   Ein kleiner Test

Kapitel 14   Schlusswort

1. Die Welt der Börse/Aktien und Fonds

Die sogenannte Börse, von der du sicherlich schon mal gehört hast, ist nichts anderes als eine Tauschbörse.

Dort werden z. B. Aktien oder Fonds gehandelt und gewinnen oder verlieren an Wert. Sie werden dann gekauft oder wieder verkauft.

Jetzt fragst du dich sicherlich: Was ist eigentlich eine Aktie oder ein Fonds?

Nun ganz einfach erklärt, ist eine Aktie ein Teil eines Unternehmens.

Ein Unternehmen ist eine Firma in der meistens ein Inhaber (der, dem die Firma gehört) als sogenannter Chef unterwegs ist. Offiziell nennt man diesen Mann oder diese Frau Arbeitgeber oder Arbeitgeberin. Ich unterlasse mal die verschiedenen Möglichkeiten oder Schreibweisen, damit wir uns auf das Wesentliche konzentrieren können.

Selbstverständlich kann jeder, der eine gute Idee hat, eine eigene Firma gründen. Dieser Arbeitgeber (er vergibt Arbeit) stellt dann in der Regel sogenannte Arbeitnehmer oder Arbeitnehmerinnen ein. Diese nehmen die Arbeit von ihm an.

In unserem Beispiel ist das jetzt eine Firma, die Fondolinobonbons herstellt. Natürlich superlecker.

Dieser Arbeitgeber wird dann auch oft als Unternehmer bezeichnet. Wenn dieser dann wachsen möchte, also mit dem Unternehmen größer werden will, hat er verschiedene Möglichkeiten.

Er hat selber genug Geld gespart und investiert (er gibt also sein Geld in etwas hinein, womit er dann mehr Geld machen möchte) in seine eigene Firma. Er kann aber auch zu einer Bank gehen und sich Geld leihen. (Kredit)

Er kann seine Firma aber auch in eine sogenannte Aktiengesellschaft umwandeln. Die Abkürzung dazu steht dann hinter dem Firmennamen mit „AG". Seine Firma würde dann umbenannt von z. B. Fondolino Bonbons in Fondolino Bonbons AG.

Hier wird das Unternehmen so gesehen in kleine Scheiben geschnitten. (Siehe Zeichnung) Er kann dann Anteile von seinem Unternehmen verkaufen.

Eine Aktie ist also ein Unternehmensanteil. Man kann dann mit einer Aktie also einen Teil eines Unternehmens verkaufen. Der Wert einer Aktie wird am Anfang festgelegt. Danach wird der Wert dann immer wieder neu ermittelt anhand z. B. der Erfolge oder Misserfolge des Unternehmens.

Alle, die so eine Aktie kaufen, werden dann über eine sogenannte Dividende am Erfolg beteiligt.

AKTIE

Das Geld vom Verkauf erhält der Unternehmer.

Nennen wir ihn in diesem Beispiel mal Herrn Goldig.

Mit dem Geld kann er dann z. B. mehr Arbeitsplätze schaffen oder bessere Maschinen für bessere und leckere Bonbons bauen.

Somit ist so eine Aktie natürlich, für den Käufer, immer etwas risikoreicher. Wenn es dem Unternehmen mal nicht so gut geht, kann er einiges an Geld verlieren. Denn der Wert der Aktie wird dann weniger.

Nehmen wir mal an, die Aktie kostet 100 €. Wenn der Wert dann auf 80 € heruntergeht, hat man dann buchhalterisch 20 € verloren. Hier dann niemals verkaufen, sondern abwarten. Allgemein geht es immer etwas bergauf oder bergab mit solchen Kursen.

Es sei denn, eine Firma droht zu schließen. Dann sollte man seine Aktien auch schnell verkaufen.

Es kann aber auch sein, dass die Firma sehr gut läuft. Dann würde die Aktie zum Beispiel auf einmal 120 € Wert sein. Man hat dann 20 € Gewinn gemacht.

An der Börse gilt es daher, auch immer ruhig zu bleiben.

Man sollte seine Aktien auch nicht immer sofort verkaufen, wenn es rauf oder runter geht.

Etwas weniger Risiko hätte man, wenn man einen sogenannten Fonds kauft. Jetzt fragst du dich sicher: Was ist das denn?

Ein Fonds kauft sehr viele verschiedene Aktien, also viele Unternehmensanteile, aus teilweise verschiedenen Branchen, auf.

Man hat dann also in einem Fonds teilweise 1000 verschieden Aktien. Also 1000 verschiedene Unternehmensanteile.

Da ist natürlich deutlich weniger Risiko drin. Die Schwankungen fallen nach oben wie unten geringer aus.

Trotzdem ist hier aber auch ein Risiko vorhanden, da auch verschiedene Branchen mal nicht so gut laufen können. Allgemein gilt, dass es nie 100 % Sicherheit an der Börse gibt. Allgemein gilt aber auch, dass es nie hohe Gewinne ohne ein kleines oder großes Risiko geben kann.

Dennoch liegt in solchen Fonds schon ein gewisses Maß an Sicherheit und gute Renditen. Also Gewinne. Renditen sind nichts anderes als Gewinne.

Wenn man daher mit Bedacht und gut ausgesucht an der Börse agiert, verdient man dort gutes Geld. Wichtig ist aber auch immer, langfristig zu planen, nicht kurzfristig.

Wenn du jetzt sagst: Okay, das ist mir aber immer noch etwas waghalsig, das Ganze. Gibt es da etwas Sichereres?

Ja es gibt sogenannte Dachfonds. Diese kaufen dann große Beteiligungen an Fonds auf.

Teilweise 100 oder sogar 1000. Man hat dann also, wenn wir nur von 100 Anteilen ausgehen, Anteile an 100.000 verschiedenen Unternehmen. Entsprechend an vielen Branchen. Das gibt schon ein Maß an hoher Sicherheit. Natürlich aber auch in der Regel allgemein weniger Schwankungen. Also auch zwar guten Gewinnen, aber nicht sehr hohen.

Ausnahmen bestätigen die Regel. Alles ist möglich an der Börse.

Es gibt auch Dachfonds oder Fonds, die nur auf eine Branche abzielen, aber da dann auf verschiedene Unternehmen.

Z. B. in der Pharmabranche oder der Medizin allgemein ist eigentlich nie eine große Krise zu erwarten, da man diese Sachen immer braucht. Selbst oder gerade dann, wenn eine Pandemie alles lahmlegt. Bzw. große Teile der Wirtschaft. Hier könnte es lediglich mal bei einem oder anderen Unternehmen schlechter laufen, wenn z. B. Medikamente nicht lieferbar sind, weil irgendwelche Zutaten fehlen oder vielleicht ein Medikament mal nicht so funktioniert hat, wie es soll.

Ich möchte es jetzt auch nicht zu kompliziert machen. Mein Wunsch ist, dass du verstehst, was eine Aktie, ein Fonds und ein Dachfonds vom Verständnis her sind. Ich möchte, dass du dir vorstellen kannst, worin es später mal Sinn macht zu investieren.

Schaue dir dazu mal die Skizze an oder decke sie ab und zeichne es einmal selbst vorher auf.

Apple
Cola
Pokemon
Amazon
Sprite
Fonds
1
Fonds
2
Fonds
3
Fonds
4

2. Unternehmensarten

Auf der Welt und in Deutschland gibt es verschiedene Arten von Unternehmen. Alle haben das Ziel, Gewinne zu machen.

Es gibt u. a. sogenannte Einzelunternehmen. Das ist, wenn sich jemand umgangssprachlich selbstständig macht.

Diese Unternehmen sind bonitätsmäßig, also was ihre Sicherheit für u. a. Banken angeht, oft sehr gut. Der Inhaber/Chef haftet hier nämlich immer selbst. Also mit seinem gesamten Vermögen. Wenn ihm z. B. zwei Autos und drei Immobilien (Häuser) gehören, dann würde er mit diesen haften.

Haften bedeutet, dass, wenn seine Firma z. B. pleitegeht, also zahlungsunfähig wird, dass man als Gläubiger (jemand, der Geld von jemandem bekommt) auch an seine Autos herantreten kann. Sprich, ein Einzelunternehmer wird immer alles dafür geben, dass seine Firma läuft. Denn er möchte ja nicht, dass er z. B. seine Autos oder Immobilien verkaufen muss, um offene Rechnungen zu bezahlen. Bei Zahlungsunfähigkeit von Unternehmen oder Personen spricht man auch von Insolvenz. Das weiß nicht jeder. Nachdem du das gelesen hast, weißt du nun auch schon mehr als mancher Wirtschaftsminister in unserem Land.

Dann gibt es auch eine Unternehmensart mit der Bezeichnung „GmbH". Das bedeutet „Gesellschaft mit beschränkter Haftung". Jetzt fragst du dich vielleicht, was heißt das?

Diese Unternehmensart beschränkt die beim Einzelunternehmen erklärte Haftung des Unternehmers.

Bei einer GmbH muss derjenige oder diejenige, die diese gründen, immer 25.000 € als Stammkapital einzahlen. Anfangs darf man auch mit der Hälfte starten. Über die Gewinne muss dann aber immer auf die 25.000 € angespart werden.

Dies hat für die sogenannten Gesellschafter (Inhaber der GmbH) den Vorteil, dass, wenn diese insolvent wird, man nur mit dem Besitz der GmbH haftet. In der Regel dann nur die 25.000 €. Es sei denn, die Gesellschafter hätten sich rechtlich falsch verhalten oder etwas absichtlich gemacht, was zur Insolvenz führt. Sowas ist dann nicht korrekt und fair. Deshalb gibt es dann hier Sonderregelungen.

Egal welches Unternehmen: Alle haben meist Angestellte. So wie bei der Fondolino AG.

Alle Unternehmen können sich dann auch in eine sogenannte AG umwandeln. Die hast du ja schon kennengelernt.

Dann gibt es noch UGs, OHGs, GmbH & Co. KGs usw.!

Ich sehe schon, du schläfst fast ein und es wird etwas trocken. Die anderen Unternehmensarten erkläre ich später. Nun wollen wir mal in die Fondolino AG hineinschauen.

Dort haben sich nämlich die Brüder Phill und Julian eingefunden. Diese haben heute die Erlaubnis, mal das Unternehmen und die Produktion ansehen zu dürfen.

3. Führung durch die Fondolino AG

Die beiden freuen sich natürlich riesig. Herr Goldig
begrüßt die beiden persönlich. Die beiden hatten die
Führung durch das Unternehmen und die
Produktionshalle bei einem Preisausschreiben gewonnen.

„Hallo, ihr beiden!", begrüßt er sie sehr freundlich. „Hallo,
Herr Goldig!", hallt es von beiden synchron und
freudestrahlend zurück.

Herr Goldig sagt: „Ihr könnt gerne Egon zu mir sagen. Ich
mag das gar nicht so förmlich."

„Okay!", sagen die beiden wieder synchron und stellen
sich vor. „Ich bin Phill! Und ich bin Julian!"

Die drei unterhalten sich noch ein bisschen.

Weil es Herrn Goldig eine Herzensangelegenheit ist, führt
er die beiden selbst durch das Unternehmen.

Er führt sie durch den Empfang, wo man in der Regel
Kunden und Besuch empfängt, sowie dann jeweils durch
die Verkaufsabteilung (also da, wo dann die Menschen
sitzen, die in diesem Falle die Bonbons verkaufen, indem
sie Bestellungen von z. B. Aldi annehmen oder auch selbst
Unternehmen wie z. B. Rewe anrufen, um die Bonbons da
anzubieten).

Danach geht es in die Einkaufsabteilung (also da, wo dann
die Menschen sitzen, die die Zutaten für die Bonbons
oder andere Sachen fürs Unternehmen einkaufen).

Die beiden stellen natürlich eine ganze Menge Fragen, die Herr Goldig sehr gerne beantwortet.

Da heute Samstag ist, sind die Büros und alle anderen Räume quasi leer, da die Firma samstags und sonntags geschlossen hat. So kann auch keiner bei der Arbeit gestört werden.

Nun geht es in die Buchhaltung. Dort werden u. a. Rechnungen geschrieben oder bezahlt. Dort werden auch Liquiditätsplanungen (Eine Planung, wo reingeschrieben wird, wann und wie viel Geld hereinkommt und wie viel man dann wieder zu einer gewissen Zeit ausgeben muss. So weiß man im Voraus immer ziemlich genau, ob alles passt oder ob man reagieren muss) und manchmal auch BWAs erstellt (das sind wiederum Auswertungen, wo dann drinsteht, wie viel man durch z. B. Verkäufe eingenommen hat und wie viel Geld man wofür ausgegeben hat).

„Ah schaut mal. Da ist meine Frau Chantal!", sagt Herr Goldig. Die Frau von Herrn Goldig kommt direkt auf sie zu und begrüßt die beiden. „Hallo Phill und Julian! Ich habe schon gehört, dass ihr hier heute einmal alles anschauen dürft. Gefällt es euch?"

„Ja total!", sagen die beiden. „Wir sind auch schon ganz aufgeregt und freuen uns auf die Produktionshalle!"

„Na das glaube ich euch!", sagt sie. „Ich muss jetzt leider weiter, aber ich wünsche euch da ganz viel Spaß beim Probieren und Schauen!"

4.   Was ist da in der Produktionshalle los?

Phill und Julian strahlten natürlich. „Ja auf das Probieren und die Produktionshalle freuen wir uns am meisten!"

„Das dachte ich mir!", sagt Herr Goldig. Die beiden verabschieden sich von Frau Goldig.

„Dann lasst uns mal in die Produktionshalle gehen!", sagt Herr Goldig.

Die drei gehen weiter in Richtung Produktionshalle.

„Boah ist die groß!", sagt Phill, als sie davor stehen. „Oh ja!", fügt Julian hinzu.

Herr Goldig lächelt und stimmt dem zu. Er erzählt den beiden noch etwas zu der Größe und dem Baujahr, während Sie weiter darauf zulaufen und hineingehen.

Als sie in die Halle hereinkommen, steht dort ein Mitarbeiter von Herrn Goldig. Er hat einen Blaumann an (das ist so etwas wie ein Arbeitsanzug für Menschen, die z. B. in Produktionshallen oder Werkstätten arbeiten. Er schützt sie bei der Arbeit, sodass ihre eigenen Sachen nicht dreckig werden. Außerdem sind einige von diesen Anzügen sehr widerstandsfähig und gehen nicht so schnell kaputt) und einen gelben Schutzhelm auf. Den nimmt er aber gerade ab, weil heute ja keine Produktion läuft.

„Das ist mein Produktionsleiter, Herr Brömmelhans!", sagt Herr Goldig. „Sagt ruhig Eckhardt zu mir!", sagt Herr Brömmelhans sehr freundlich. „Wir sind ja hier unter uns und da müssen wir ja nicht förmlich sein!"

„Hallo Eckhardt!", sagen die beiden. „Ich bin Phill!" „Und ich bin Julian!", schießt es aus den beiden heraus.

„Was machen Sie denn genau hier?", fragt Phill. „Ja und wie viele Bonbons werden denn hier so am Tag produziert?", fragt Julian.

„Na da brauche ich euch ja gar nicht vorzustellen!", lacht Herr Goldig. „Ihr könnt ihn gerne alles fragen, aber da seid ihr ja eh schon dabei!" Herrn Goldig gefällt es, dass die beiden so aufgeweckt sind.

Herr Brömmelhans beantwortet alle Fragen.

„So ich muss mal kurz was mit Herrn Brömmelhans besprechen!", sagt Herr Goldig. „Ihr dürft euch aber gerne schon mal hier umsehen! Ist keiner da außer uns!" Da gerade keine Produktion läuft, ist ja auch alles ungefährlich für die beiden.

Herr Goldig und Herr Brömmelhans verschwinden im Besprechungsbüro.

Phill und Julian freuen sich riesig und schauen sich um. Sie dürfen auch ein paar Bonbons probieren.

Auf einmal raschelt es in der anderen Halle. Auch ein Produktionsband läuft kurz.

„Hat er nicht gesagt, hier ist keiner außer uns?", fragt Phill. „Jo, das hat er!", sagt Julian. Neugierig gehen die beiden natürlich gucken!

Sie laufen in die andere Halle.

„WOW! Was ist denn das!", ruft Phill ganz aufgeregt.
„HAMMER! Keine Ahnung, was das ist!", fügt Julian hinzu.

5. Das Fondolino

Die beiden haben ein blaues Etwas entdeckt, das gerade Bonbons vom Band isst. Sowas haben die beiden noch nie gesehen.

„Oh hallo!", sagt es. „Da habt ihr mich wohl entdeckt. Ich hoffe, ich habe euch nicht erschreckt."

Die beiden gucken mit großen Augen!

„Shittiliti! Was bist du denn?", sagt Phill. „Das würde ich auch gerne wissen!", sagt Julian. „Du hast uns natürlich nicht erschreckt!", sagen die beiden im Einklang.

„Dann ist ja gut!", sagt es. „Ich bin ein Fondolino!"

„Ein was?", kommt es von den beiden! „So heißen doch die Bonbons und die Firma hier."

„Ja das ist ganz witzig oder?", sagt das blaue Fondolino.

„Ich erkläre euch das gerne, aber wer seid ihr denn, wenn ich fragen darf?"

„Ich bin Phill!" „Und ich bin Julian!", sagen die beiden.

„Freut mich, euch kennenzulernen", sagt das Fondolino.

„Ich bin ein Fondolino und bin ein sagen wir mal Zauberwesen!"

„Wow", sagen die beiden gleichzeitig. „Warum bist du denn hier und was machst du hier in der Firma?"

„Ich helfe Herrn Goldig bei der Herstellung dieser
Bonbons, weil er mir auch einmal geholfen hat. Dafür darf
ich dann auch immer naschen!", sagt das Fondolino und
lacht.

„Das ist ja mal cool!", sagt Phill. „Da wäscht eine Hand die
andere", meint Julian.

„Was macht ihr beiden denn hier an einem Samstag?",
fragt das Fondolino.

„Wir haben eine Führung hier durch die Firma gewonnen
und dürfen mal alles erkunden!", sagt Phill. „Ja und Herr
Goldig hat uns auch schon die anderen Bereiche gezeigt",
fügt Julian hinzu.

„Ja dann seid ihr ja schon richtig gut informiert und
vertraut mit den ganzen Unternehmensbereichen hier!",
sagt das Fondolino.

„Auf jeden Fall", sagen die beiden. „Was machst du denn
sonst so oder was kannst du denn alles noch so außer
Bonbons naschen?", fragt Phill grinsend. „Ja wir sind jetzt
aber schon ganz schön neugierig", sagt Julian.

Natürlich sind die beiden immer noch ganz aufgeregt,
denn sowas haben sie noch nie gesehen.

Das Fondolino lächelt, während es sich noch ein paar
Bonbons in den Mund steckt und schmatzt.

„Okay. Ich bin nicht nur gut im Bonbons essen, sondern
weiß auch alles über die Finanzwelt. Egal ob es nun Aktien
oder Fonds sind. Auch über Unternehmen, die Wirtschaft,

Anleihen und natürlich die Geschichte des Geldes. Also woher es kommt und was man am besten damit macht."

„Moooooooooment, mein Freund", hallt es aus Phill heraus. „Genau das interessiert mich! Alle reden über Geld und wie wichtig es ist. Was man damit machen kann usw.! Aber wo das herkommt, hat mir noch keiner erzählt."

„Ja das interessiert mich auch schon ein wenig. Auch wenn ich noch kleiner bin und nicht so alt. Es ist zwar cool, was ich mit meinem Taschengeld so kaufen kann, aber es interessiert mich schon, wo das herkommt", fügt Julian hinzu.

Das Fondolino strahlt! „Ihr zwei seid mir aber richtig aufgeweckte Kerlchen. Dann verrate ich euch mal noch zwei Geheimnisse. Ich helfe Herrn Goldig hier auch immer mit Tipps an der Börse, weil er ein so herzensguter Mensch ist und auch viel für ärmere Menschen spendet. Denn wenn man viel Geld hat, hat man auch viel Verantwortung. Man kann sehr viel Gutes mit Geld tun. Das andere ist, dass ich Zeitreisen machen kann. Wenn ihr möchtet, kann ich euch mal mitnehmen auf eine Reise durch die Geschichte des Geldes. Wir sind dann etwas unterwegs, aber sind hier nur für ein paar Minuten verschwunden. Also wird es Herr Goldig gar nicht merken", sagt das Fondolino.

Die beiden leuchten schon vor lauter Grinsen. „Klar sind wir dabei!", sagt Phill. „Dann hol mal deinen Teppich raus, damit wir losfliegen können", sagt Julian. Das Fondolino lacht und sagt: „Nein dafür brauchen wir keinen Teppich. Ich mache einen Zeitreisetunnel dafür auf."

6. Die Zeitreise durch die Geschichte des Geldes beginnt

Das Fondolino fängt an zu leuchten und öffnet mit seinen beiden Händen tatsächlich einen großen blau-silber schimmernden Tunnel.

Es windet etwas.

Die beiden schauen mit großen Augen zu, bis es aus Phill auf einmal herausschießt: „Cool, das sieht ja aus wie ein Wurmloch bei Raumschifft Enterprise!" „Was für ein Loch?", schaut ihn Julian fragend an.

Das Fondolino lacht und sagt: „Ja so ähnlich. Ein Wurmloch wäre eine Verkürzung bei Reisen durch das Universum. Also sowas wie eine gekrümmte Raumzeit von Albert Einstein, aber das ist etwas kompliziert zu erklären. Sagen wir mal so: Wenn ein Wurm sich an der Oberfläche um einen Apfel herumfressen müsste, um auf die andere Seite zu kommen, wäre er lange unterwegs. Wenn er sich aber durch den Apfel durchfrisst, ist er schneller am Ziel. So erklären es sich eure Fachleute. Hiermit reisen wir nur in der Zeit zurück. Los geht's!"

Das Fondolino hüpft in den Tunnel und die beiden hinterher.

Die Reise geht los. Es geht rauf und runter in dem Tunnel. Alles ist herrlich hell und glitzert.

Die beiden jauchzen und lachen.

Jetzt scheint aber das Ende des Tunnels zu kommen.

Als wenn ein heller Blitz auftaucht, wird es schlagartig sehr hell und alle rutschen aus dem Tunnel heraus. Das Fondolino plumpst direkt in einen Haufen Matsch. Phill und Julian landen gekonnt daneben. Beide müssen lachen.

Das Fondolino rafft sich auf und putzt sich ab. „Schon besser gelandet", sagt es lachend.

„Anfängerglück bei uns", sagt Phill. „Ja, das war nicht geplant, daneben zu landen", sagt auch Julian schnell.

„Alles gut!", sagt das Fondolino und guckt sich fragend um. „Heidewitzka, ich bin wohl ein bisschen aus der Übung gekommen." „Wie meinst du das?", hallt es aus beiden heraus.

Sie gucken sich auch um. Schon sehr warm irgendwie, die Luft ist auch ganz anders, als es die beiden gewohnt sind. Der Boden fängt an zu vibrieren. Irgendetwas Großes kommt auf die drei zu.

„Rennt los, Jungs! Gebt Hackengas!", ruft das Fondolino und läuft los. Es fängt schon wieder an zu leuchten und macht einige Meter weiter einen neuen Tunnel auf. „Ich habe mich etwas vertan in der Zeit. Das, was da kommt, ist nicht so gut!"

Die beiden drehen sich um und sehen einen Dinosaurier auf sich zulaufen. Natürlich sie sprinten los.

„Ist das ernsthaft ein T-Rex?", ruft Phill aus vollem Lauf. „Was für ein Tier?", ruft Julian zurück. „Ja, das ist einer!", ruft das Fondolino zurück. „Ich habe mich etwas verrechnet, aber jetzt habe ich die richtige Adresse."

„Bist du sicher, dass du ein Pro in Zeitreisen bist?", ruft
Phill. „Ich will dich ja nicht verletzen, aber das hier ist
nicht grade optimal!" „Ja, aber dafür, dass er wie eine
Schnecke über den Boden kriecht, ist er verdammt
schnell!", ruft Julian. „Ja, ich bin nur ein bisschen aus der
Übung!" „Alles gut und sorry schonmal. Wir müssen da
rein in den Tunnel", ruft das Fondolino pustend.

Die drei erreichen den Tunnel und springen hinein. Zum
Glück mit einem ordentlichen Vorsprung vor dem T-Rex.

Es geht wieder rauf und runter. Alle haben trotz des
Schreckens viel Spaß.

Es kommt wieder ein heller Blitz und es landen alle
optimal, als sie aus dem Tunnel herauskommen.

„Sorry nochmal!", sagt das Fondolino. „Da habe ich mich
echt vertan, aber jetzt sind wir richtig!"

„Kann ja mal passieren. Ist ja nichts passiert und so haben
wir auch mal Sport gemacht heute!", sagt Phill etwas aus
der Puste. „Ja, nicht schlimm. Wo sind wir denn?", schießt
es keuchend aus Julian heraus.

Auch das Fondolino muss erstmal durchatmen.

Als sich alle beruhigt hatten, sagt das Fondolino: „Nun, wir
sind in Afrika vor gut 4000 Jahren." Die beiden blicken ihn
ungläubig an. Das Fondolino fährt fort: „Hier und in Indien
haben die Menschen angefangen, mit sogenanntem
Kaurigeld zu bezahlen. In Europa hingegen fingen die
Menschen an, mit Gold und Silber zu bezahlen.

Da es hier unterschiedlich große Stücke gab, konnte man also teure oder auch günstigere Ware kaufen."

„Wow", sagt Phill. „Da kann man ja wirklich vom Anfang sprechen. Gold und Silber kenne ich." „Ja das kenne ich auch!", fügt Julian hinzu.

„Streng genommen müsste ich eigentlich sogar 20.000 Jahre zurück mit euch", sagt das Fondolino. „Aber da das vorhin nicht so gut geklappt hat und das etwas weit weg vom heutigen Geld ist, habe ich uns mal hierhingebracht."

„Was war denn da?", fragt Phill. „Ja, mit was hat man denn da bezahlt?", möchte Julian auch wissen.

„Also damals haben die Menschen in Westeuropa mit Steinbeilen gezahlt. So ist es ungefähr überliefert und erzählt worden. Auf den Fidschi-Inseln haben die Leute mit Zähnen von Pottwalen gezahlt. Auf der Südsee-Insel Yap sogar mit meterhohen Steinscheiben. Tonnenschwer!", erzählt das Fondolino.

„Stell dir da mal 'nen Elon Musk damals vor! Der hätte gut was zu schleppen gehabt", sagt Phill und lacht. Das Fondolino und Julian müssen auch lachen. „Jeff Bezos wäre aber auch nicht besser dran!", fügt Julian hinzu.

„Ja das war ziemlich unpraktisch zum Teil!", sagt das Fondolino. „Im alten Ägypten hingegen zahlte man mit Weizen und in Nordamerika mit Wampus genannten Gürteln aus Muscheln und Gehäusen von Meeresschnecken."

„Das ist ja dann schon etwas praktischer gewesen!", schießt es aus beiden heraus.

Die beiden müssen deswegen lachen. „Ihr beiden ergänzt euch ja sehr gut!", sagt und lacht das Fondolino. „Gut 10.000 v. Chr. haben viele Menschen allgemein auch auf Tauschhandel gesetzt. Also so gesehen ohne Geld oder einer Vorart davon. In etwa zu der Zeit, wo die Menschen sesshaft wurden. Also Häuser und Dörfer oder sogar Städte gebaut haben. Da hat man dann Vieh gegeneinander getauscht. Das war wiederum schwierig. Man musste irgendwie festlegen, wie viel Schweine ein Ochse wert ist."

„Das stimmt. Sehr interessant!", sagt Phill. „Ja, ich habe mich immer mal gefragt, wie die Menschen das früher so gemacht haben und woher Geld kommt", fügt Julian hinzu.

„Ja ich kann euch da auch noch viel mehr zu erzählen!", sagt das Fondolino. „Aber nicht zu viel auf einmal. Wir sind jetzt hier auf einem Markt, wo ihr mal den Handel von damals beobachten könnt. Dann reisen wir weiter und ich zeige euch mal den wesentlichen Weg des Geldes. Ein paar andere Einzelheiten erkläre ich euch dann anschließend. Da hat nämlich fast jedes Land zu unterschiedlicher Zeit andere Vorgänge gehabt."

Die beiden nicken und alle gehen auf den Markt und beobachten das Geschehen. Die meisten Menschen haben eine Art Lederbeutel und darin ihre Kauris. Sie handeln mit dem jeweiligen Verkäufer an seinem Stand und zahlen dann mit ihren Kauris.

Phill und Julian schauen sich die Gespräche genau an. Es ist sehr heiß und der Schweiß rollt an ihnen herunter.

„Also wenn ich ehrlich bin, sehe ich da kaum einen Unterschied zu einem Markt von heute. Außer den komischen Klamotten, die hier alle tragen und dass man mit diesen Muscheln bezahlt", sagt Phill schließlich und wischt sich den Schweiß ab. „Und es ist verdammt heiß hier!"

„Ja das stimmt!", fügt Julian hinzu. „Außer dass viele heute mit so einer Bankkarte oder sogar ihrem Handy bezahlen und ja, es ist unfassbar heiß!"

Das Fondolino lacht und sagt: „Ja das stimmt!" Der Handel an sich ist gleichgeblieben. Es dauerte nur alles ein bisschen, bis wir schließlich zum heutigen Geld gekommen sind. Da reisen wir auch gleich ein gutes Stück weiter. Wir sollten aber erstmal was trinken und in den Schatten gehen. Zu den verschiedenen Zahlmethoden, die es heute gibt, wie z. B. die Bankkarten oder Handys, erzähle ich euch gerne ein andermal was. Wenn es euch interessiert!"

„Na klar interessiert uns das auch!", sagen die beiden lauthals gleichzeitig.

Die drei suchen sich erstmal ein schattiges Plätzchen und organisieren sich etwas zu trinken.

„Seid ihr wieder fit?", fragt das Fondolino. „Es geht weiter!" Die beiden nicken und sehen, wie das Fondolino wieder anfängt zu leuchten. Es macht sich wieder ein Tunnel auf. „Bitte nicht noch so eine T-Rex-Nummer!", sagt Phill und lächelt. „Ne bloß nicht!", schießt es aus Julian heraus.

Das Fondolino lacht und sagt: „Nein keine Angst. Ich habe mich nur am Anfang einmal verrechnet, weil ich aus der Übung war! Kommt, es geht los!"

Die drei laufen auf den Tunnel zu und springen hinein.

Es geht wieder sehr spaßig auf und ab. Die drei haben sichtlich Spaß!

Als der Tunnel aufgeht, landen alle sanft auf dem Boden.

„Top-Landung!", ruft Phill. „Ja, es wird immer besser!", fügt Julian hinzu. Das Fondolino grinst! „Ich sag doch ich habe mich am Anfang nur mal vertan. Jetzt läuft alles normal."

„Wo sind wir denn jetzt hier?", schießt es aus beiden heraus. „Wir sind jetzt gut 2700 Jahre vor unserer Zeit im Raum Lydien", sagt das Fondolino. „Lydien lag im heutigen Westen der Türkei.

„Geil! Ich nehme einen Döner!", ruft Phill laut! „Ich habe Hunger!" „Gute Idee!", fügt Julian grinsend hinzu. „Ich nehme dann ein Lahmacun." Das Fondolino lacht und sagt: „Naja sowas wie ihr das kennt gab es hier noch nicht. Der Döner ist strenggenommen sogar in Deutschland erfunden worden. Also so wie wir ihn kennen. In der Türkei selbst wird er ganz anders zubereitet. Aber wenn ihr Hunger habt, sollten wir uns mal was organisieren, bevor ich euch weiterführe und erzähle, wie sich das Geld hier entwickelt hat."

Die beiden besorgen sich was Leckeres zu essen und zu trinken.

Nachdem sie fertig sind, gibt ihnen das Fondolino ein Zeichen, dass sie ihm folgen sollen.

„Jetzt zeige ich euch mal, warum wir hier sind!", sagt das Fondolino. „Hier hat nämlich König Krösus zu dieser Zeit regiert und die nachweislich ersten Münzen prägen lassen. Schaut mal da vorne."

Phill und Julian schauen sehr interessiert zu einem Mann, der an etwas arbeitet, das wie eine Münze aussieht.

„Das ist ja mal sehr interessant!", sagt Phill. „Ja, das habe ich noch nicht gewusst!", fügt Julian hinzu.

„Was macht der Mann denn da!?", fragen beide gleichzeitig.

„Nun, der Mann prägt gerade die ersten Münzen!", erklärt das Fondolino. Die beiden schauen es fragend an. „Prägt?", fragt Phill. „Ja wieso prägen?", fragt Julian ebenfalls.

„Er prägt die Münzen mit dem Siegel des Königs. Sowas wie ein Stempel. Damit jeder sehen kann, dass dies die offiziellen Münzen des Königs sind. So konnte keiner selber Münzen anfertigen. Also quasi sowas wie Falschgeld machen", erklärt das Fondolino weiter. „Die Münzen selbst wurden aus einer natürlich vorkommenden Gold-Silber-Legierung angefertigt. Das waren tatsächlich die ersten Münzen, mit denen man bezahlen konnte und es dauerte auch nicht lange, bis dieser Gebrauch von Münzen im gesamten Mittelmeerraum üblich wurde."

„Wow, das ist ja mal sehr interessant!", sagt Phill. „Wenn man sowas mal in der Schule lernen würde!", fügt Julian hinzu. Es dauert einen Moment und beide sagen gleichzeitig: „Falschgeld? Was ist das?"

„Das ist nachgemachtes Geld!", erklärt das Fondolino. „Also quasi selber gedruckte Geldscheine heutzutage. Da gibt es Kriminelle, die das machen, um sich dann Sachen davon zu kaufen." „Sowas macht man aber nicht!", sagt Phill. „Genau, sowas müsste bestraft werden!", fügt Julian hinzu.

Das Fondolino lächelt und sagt: „Ja, das wird es auch zu Recht. Man sollte sich sein Geld schon ehrlich selbst erarbeiten. Da aber schon früher einige auf die Idee gekommen wären, hat König Krösus dieses Siegel machen lassen. Also sowas wie eine Versicherung, dass die Münzen echt sind. Ein Gütesiegel sozusagen!"

Die beiden nicken und schauen dem Mann bei der Arbeit zu. „Das ist aber ganz schön harte Arbeit gewesen, oder?", meint Phill. „Ja also so wie der schwitzt auf jeden Fall!", fügt Julian hinzu.

„Ja das kann man so sagen!", sagt das Fondolino. „Der Vorteil dieser Münzen war, dass diese einheitlich schwer waren. Durch das Siegel wurden sie dann überall in Lydien anerkannt und man konnte sie immer einfach abzählen, wenn man damit gehandelt hat. Der Wert dieser Münzen entsprach zunächst immer genau dem darin enthaltenen Gold und Silbergewicht. In diesem Fall spricht man dann von Kurantmünzen! Die Geldstücke von heute nennt man Scheidemünzen. Der Wert des Metalls darin ist geringer als der Wert, den die Münze darstellt"

„Das ist sehr interessant. Sowas wusste ich auch noch nicht", sagt Phill. „Ich aber auch nicht!", lacht Julian.

„Ja deswegen mache ich ja auch diese Reise mit euch!", sagt das Fondolino. „Das wissen die wenigsten, wie sich das alles entwickelt hat. Die Münzen selbst haben sich dann später sehr unterschiedlich entwickelt."

„Okay!", sagt Phill. „Aber woher kommen denn die Geldscheine?" „Ja genau. Wie und wo haben die sich denn dann entwickelt?", fragt Julian auch. „Bisschen schwer sonst, wenn man etwas mehr einkaufen muss, oder?", sagen beide fast zeitlich und lachen.

Das Fondolino muss auch lachen und sagt: „Ihr beide seid wirklich sehr aufgeweckt! Genau dazu wollte ich jetzt auch kommen. Dazu müssen wir aber wieder eine kleine Reise machen! Ja, ohne T-Rex-Zwischenstopp!", fügt das Fondolino lächelnd hinzu, als es den amüsierten Blick von Phill und sein Handzeichen sieht.

Phill und Julian müssen lachen.

Das Fondolino fängt wieder an zu leuchten und ein Tunnel macht sich auf.

Die drei springen hinein und es geht wieder hoch und runter.

Als der Tunnel aufgeht, landen alle wieder weich auf einer großen Mauer.

„Okay. Jetzt nehme ich dir ab, dass das beim ersten Mal die fehlende Übung war!", sagt Phill grinsend. „Na das will ich doch mal hoffen. Mir tut immer noch der Fuß ein bisschen von dem Supersprint mit dem T-Rex weh!", sagt Julian.

Das Fondolino grinst und bedauert das mit dem Fuß.

„Das tut mir echt leid, dass das passiert ist!"

„Der jammert immer ein bisschen!", sagt Phill und grinst. „Haha!", sagt Julian lächelnd. „Ist aber auch echt nicht so schlimm und geht schon!"

„Wo sind wir denn hier?", fragen beide gleichzeitig.

Das Fondolino lächelt und sagt: „Ihr seid echt zwei Knaller! Wie oft ihr zur selben Zeit etwas fragt oder feststellt! Nicht schlecht!"

Die beiden grinsen und nehmen sich in den Arm. „Best brothers halt! Also beste Brüder!", sagen die beiden wieder zeitgleich.

Das Fondolino lacht und sagt: „Ich kann wohl englisch! Nur weil ich grad einmal falsch beim Zeitreisen abgebogen bin, heißt das nicht, dass ich sowas nicht weiß."

Die beiden müssen lachen.

„Um aber eure Frage zu beantworten, wir sind hier in China. Auf der berühmten Chinesischen Mauer! Im 11. Jahrhundert", erklärt das Fondolino.

Die beiden gucken beeindruckt und schauen sich um. „Wahnsinn!", sagt Phill. „Oh je. Der Hammer!", fügt Julian hinzu.

„Hier geht die Entwicklung des Geldes weiter. Mit einer entscheidenden Wendung bzw. Weiterentwicklung, um den Handel zu vereinfachen! Um es euch zu zeigen, müssen wir etwas laufen!", sagt das Fondolino und gibt den beiden das Zeichen mitzukommen.

Die drei laufen ein gutes Stück über die Chinesische Mauer.

Nach einiger Zeit kommen sie in einem Gebäude an einem Ende der Mauer an. Hier sehen sie einen Handelsreisenden mit zwei großen schweren Säcken voller Münzen. Er und ein Mann gegenüber schreiben beide etwas auf einem Blatt.

„Der muss ja schleppen!", sagt Phill. „Was machen die denn da?", fragt Julian.

„Oh ja. Das ist schwer! Genau deswegen hat die damalige chinesische Regierung eine Top-Idee gehabt. Viele Handelsreisende haben sich genau darüber beschwert, Phill. Dass es zu schwer ist, mit so vielen Münzen für Geschäfte zu reisen. Deshalb hat die Regierung den Handelsreisenden die Münzen abgenommen und ihnen ein Dokument über den Wert dieser Münzen ausgestellt, um deine Frage zu beantworten, Julian. Mit diesem Dokument konnten sich die Handelsreisenden dann an anderer Stelle die Münzen wieder auszahlen lassen oder sogar mit diesem Dokument bezahlen! Das waren die ersten Banknoten! Also Geldscheine!", erklärt das Fondolino.

„Cool!", hallt es aus den beiden heraus. „Das ist jetzt echt mal interessant. Das habe ich mich auch schon öfter gefragt, wie das erfunden wurde!", sagt Phill. „Ja mich auch. Das war schon schlau!", fügt Julian hinzu.

Das Fondolino lächelt und sagt: „Ja, diese Idee wurde quasi aus der Not oder aus der Situation heraus geboren. Genau wie später auch die Banken und die neueren Zahlmethoden, die ihr kennt!"

„Ja darüber würde ich auch gerne was wissen. Also wie Banken entstanden sind und wo!", sagt Phill sofort. „Auf jeden Fall. Auch wie sich dann so alles entwickelt hat", fügt Julian hinzu.

Das Fondolino lächelt, freut sich sichtlich und sagt: „Schön, dass ihr so wissbegierig seid. Das erkläre ich euch auch gerne mal. Jetzt machen wir aber erstmal weiter mit der Geschichte des Geldes. Ich würde euch nämlich gerne mal zeigen, wie sich das so in Deutschland dann weiterentwickelt hat und auch in Europa. Dafür müssen wir wieder ein bisschen reisen!"

Das Fondolino fängt wieder an zu leuchten und es öffnet sich wieder ein Tunnel. Die beiden grinsen und springen zusammen mit dem Fondolino in den Tunnel.

Der Tunnel öffnet sich und alle drei landen, zum Glück, mal wieder sehr weich. Es sieht auch nicht so aus, als würde hier ein T-Rex wohnen.

„Wo sind wir denn jetzt?", fragt Phill. „Ja das würde mich auch mal interessieren und was ist das da!?", fragt Julian ebenfalls.

„Das ist eine Burg. Nur halt noch richtig gut erhalten, weil da noch viele drin leben. Da gehen wir jetzt auch gleich rein. Wir sind nämlich in Deutschland. Im Jahr 1356! Lasst uns mal reingehen, dann können wir den nächsten Schritt in der Entwicklung des Geldes sehen!", erklärt das Fondolino.

Die drei gehen in die Burg und kommen schließlich in einen Raum, wo ganz viele Menschen festlich angezogen sind.

„Das scheint hier der Chef zu sein, oder? Der mit der Krone ist der König oder der Kaiser?", fragt Phill. „Ja das scheint so und wer sind die anderen?", fragt Julian.

„Ja das ist der König, Phill! Die anderen sind unter anderem die Fürsten, Julian. Die hatten alle damals für sich ein Fürstentum, das quasi deren Eigentum war. Hier erlässt der König gerade ein neues Gesetz: die Goldene Bulle. Nach diesem mittelalterlichen Gesetzbuch darf jeder Fürst in seinem Fürstentum eigene Münzen prägen lassen. Daraus sind dann Währungen wie der Taler, Kreutzer, Schilling bzw. Groschen oder der Gulden entstanden", erklärt das Fondolino.

„Von denen habe ich mal was gehört!", sagt Phill. „Ja nicht von allen, aber von ein paar schon!", fügt Julian hinzu.

Das Fondolino freut sich und sagt: „Das ist schonmal sehr gut, dass ihr sowas wisst. Das weiß leider nicht jeder. Von hier an konnte ja aber nun der Handel viel besser und einfacher funktionieren."

„Das ist auf jeden Fall alles megainteressant. Das sollte es auch als Fach in der Schule geben. Also alles, was mit Geld zu tun hat. Auch wie die Unternehmen und die Wirtschaft funktionieren", sagt Phill. „Ja, das wäre ein cooles Fach.

Die Führung und die Erklärung zum Unternehmen vom Egon war auch mega", fügt Julian hinzu.

„Du könntest ja den Lehrer machen!", sagen beide gleichzeitig und lachen.

Das Fondolino freut sich sehr und sagt: „Gerne, aber eigentlich soll ja keiner groß wissen, dass es mich gibt. Aber regt das doch mal bei euren Lehrern an, dass ihr da was drüber lernen wollt. Habt ihr noch Fragen?"

„Ne grade nicht!", sagen beide gleichzeitig. Das Fondolino nickt zufrieden und sagt: „Okay, dann lasst uns da drüben mal eine kleine Pause machen, bevor es weitergeht. Ihr müsst erstmal was trinken, das ist immer sehr wichtig."

Die drei laufen zu einer Bank und trinken erstmal etwas in Ruhe. Sie schauen sich das Treiben an.

„Na eine Frage habe ich aber schon!", sagt Phill. „Kann es sein, dass irgendwie keiner mitbekommt, dass wir hier sind? „Genau!", sagt Julian. „Wir waren grade ja schon etwas laut und keiner hat was gesagt."

Das Fondolino freut sich sehr über diese Frage und sagt: „Ja ich halte uns quasi unsichtbar. Bis auf die Ausnahme, als wir uns was zu trinken geholt haben, aber da war auch keiner in Sicht. Es darf uns so gesehen keiner sehen. Denn man darf ja nichts am Zeitverlauf ändern. Ihr habt ja auch ganz andere Kleidung an. Das würde Fragen aufwerfen. Auch eure Uhren. Rein theoretisch könnte man durch uns durchlaufen."

„Wow wie geil ist das denn!", sagt Phill. „Aber warum ist das so besser?" „Ja und was sollte denn schon passieren?", fragt Julian.

„Nun stellt euch mal vor, der König läuft an uns vorbei und stößt mit uns zusammen und verletzt sich schwer. Da müsste die ganze Geschichte umgeschrieben werden und wenn mich erstmal einer sieht!", erklärt das Fondolino und lacht. „Dann ist was los!"

Die beiden müssen auch lachen.

„Okay! Logisch! Aber Scheine also Banknoten gibt's hier immer noch nicht, oder?", stellt Phill fest. „Ja ich sehe hier auch nur so Münzen", meint Julian.

Das Fondolino nickt und erklärt: „Die ersten Geldscheine in Europa gab es erst 1483 herum in Spanien. Hier war man auch allgemein erstmal sehr vorsichtig. Die Bank von Amsterdam z. B. war immer stets bedacht, die ausgegebenen Scheine mit Münzen decken zu können. Die Schwedische Reichsbank war dann die erste Bank, die Scheine mit unterschiedlichen Werten herausgab. Das war um 1660 herum."

„Ah da gab's also schon eine Bank!", sagen die beiden gleichzeitig und grinsen.

„Genau! Aber zu den Banken komme ich später!", sagt das Fondolino. „Denn zehn Jahre nach den Scheinen mit den unterschiedlichen Werten wurden diese wieder abgeschafft. Auch in anderen Ländern, weil dies die Inflation begünstigte. Erst 1776 gab es die erste richtig erfolgreiche Ausgabe von Papiergeld in Großbritannien.

„Inflation?", hallt es aus den beiden heraus.

Das Fondolino lächelt und erklärt: „Eine Inflation ist, wenn Güter, die man z. B. für den Lebensunterhalt braucht, teurer werden. Man kann dann mit 1 € nicht mehr das kaufen, was man vorher kaufen konnte. Das wird immer über einen gewissen Zeitraum gemessen. Wenn es im Übrigen günstiger wird, spricht man von Deflation. Also Inflation ist eine Verteuerung und eine Deflation ist eine Form von günstiger werden."

„Okay, verstehe ich, aber was hat das mit dem Papiergeld zu tun gehabt?", fragt Phill. „Genau! Das verstehe ich aber gerade auch nicht!", sagt Julian.

„Sehr gute Frage!", sagt das Fondolino. „Wenn es in einem Staat viel mehr Geld als Waren gibt, dann beschleunigt das so eine Inflation."

„Ah!", sagen beide gleichzeitig.

Das Fondolino nickt zufrieden und führt weiter aus: „Die Scheine wurden dann aber auch genau deswegen erstmal in kleinen Mengen ausgeteilt. Trotzdem stand das System erstmal auf wackeligen Beinen und drohte mehrfach zu scheitern. Letztlich klappte es aber. In den deutschen Ländern war man besonders vorsichtig. In Preußen achtete man ganz streng darauf, dass den Scheinen auch immer eine ausreichende Menge an Münzen gegenüberstand. Im Endeffekt dauerte es bis zur ersten Hälfte des 19. Jahrhunderts, bis es den europäischen Ländern gelang, die Flut an Papiergeld zu regulieren und stabile Währungen, die auf diesem Papiergeld basierten, zu etablieren."

„Wow!", sagt Phill. „Das ist echt megainteressant!" „Das stimmt. Sowas wusste ich noch nicht", fügt Julian hinzu.

Das Fondolino lächelt und sagt: „Es freut mich, dass ich euch hier was beibringen konnte und dass es euch interessiert. Deswegen habe ich diese Reise mit euch gemacht. Bevor wir aber zurückkehren, habe ich noch zwei kleine Stopps für euch."

„Gerne!", sagen die beiden gleichzeitig und grinsen. „Wo geht's denn hin und um was geht es?", fragt Phill. „Ja das würde mich auch interessieren. Wir haben ja jetzt so ziemlich viel über die Entwicklung des Geldes gesehen und gelernt", fügt Julian hinzu.

„Ja habt ihr! Ihr habt auch sehr gut aufgepasst. Es geht jetzt aber noch um Gold. Das hat auch immer noch ein bisschen mit der Entwicklung des Geldes zu tun", erklärt das Fondolino.

„Cool Gold!", hallt es aus ihnen heraus. Die beiden strahlen.

Das Fondolino lächelt und fängt wieder an zu leuchten. Ein Tunnel öffnet sich und die drei springen hinein.

Es geht wieder ordentlich rauf und runter. Wie auf einer richtig coolen Rutsche. Alle haben Riesenspaß.

Der Tunnel öffnet sich und alle drei landen weich, ohne Zwischenfall, auf einem Feld.

„Super Landung!", sagen die beiden gleichzeitig und grinsen das Fondolino an. Das muss auch grinsen.

„Ja ich würde sagen, ich bin wieder in Form!", sagt es. „Wir sind jetzt im Jahr 1821. Wir müssen mal in das schöne Gebäude da vorne."

Die drei laufen zu dem Gebäude und gehen rein.

„Die Leute da drüben beschließen gerade die Einführung des sogenannten Goldstandards", erklärt das Fondolino.

„Hört sich ja interessant an! Was ist das?", fragt Phill. „Ja und warum machen die das?", fragt Julian.

„Nun das bedeutet, das im Umlauf befindliche Papiergeld muss wertgemäß immer mit der Goldmenge des Landes gedeckt sein!", erklärt das Fondolino.

„Also so wie manche Länder das vorher mit den Münzen gemacht haben, damit das stabil bleibt!?", fragt Phill. „Genau und damit so eine Inflation nicht so schnell wieder kommt, oder?", sagt Julian auch noch schnell.

Das Fondolino freut sich sichtlich und sagt: „Das habt ihr vollkommen richtig verstanden und erklärt. Im Jahr 1873 führte das damals neu gegründete Deutsche Reich dies auch so ein. Das machten dann auch viele andere Länder wie z. B. Frankreich, Russland oder die USA. Durch das Bestehen dieses Währungssystems konnten viele Finanzkrisen, also Geldkrisen, bewältigt werden."

„Das ist schon sehr interessant und vor allem schlau von denen gewesen!", stellt Phill fest. „Ja das waren wohl schlaue Köpfe!", fügt Julian hinzu.

„Das kann man so sagen! Zu jeder Zeit gab und wird es immer Leute geben, die auch mal anders sind und einfach gute neue Idee haben. Wenn ihr mal sowas habt, lasst euch nicht beirren und geht euren Weg! Kann ja auch mal eine coole Erfindung wie das Smartphone oder das Flugzeug sein", sagt das Fondolino.

„Das machen wir!", sagen die beiden gleichzeitig. Die drei beobachten noch ein wenig das Geschehen.

„Bevor wir nun zurückfliegen, haben wir noch einen Zwischenstopp. Der ist auch wichtig, weil er diesen Goldstandard betrifft. Leider gab es ja auch zwei größere Kriege in der Geschichte, sogenannte Weltkriege", sagt das Fondolino.

„Ja voll unnötig sowas!", sagt Phill sofort. „Ja ich verstehe sowas nicht und warum sowas immer wieder passiert", fügt Julian hinzu.

„Ja das stimmt, ihr beiden! Ändern können wir es jetzt aber nicht. Schöner wäre es auf jeden Fall ohne! Dann kommt mal mit!", sagt das Fondolino.

Das Fondolino fängt wieder an zu leuchten und ein Tunnel tut sich wieder auf.

Die drei springen rein und haben direkt wieder gute Laune.

Es geht wieder ordentlich rauf und runter. Als der Tunnel sich öffnet, landen die drei sauber in einem Gebäude.

„Okay. Wo sind wir denn jetzt und warum genau?", fragt Phill. „Ja und wann genau?", fügt Julian hinzu.

„Nun wir befinden uns in den 1930er Jahren in den USA!
Während des Ersten Weltkrieges wurde der Goldstandard
in den meisten Ländern abgeschafft, weil in dieser Zeit
eine große Menge an Geld gedruckt werden musste, um
die Kriegskosten zu decken. Nach dem Krieg aber kehrten
viele Nationen zum Goldstandard zurück. Nach der
Finanzkrise in den 1930 er Jahren aber wurde der
Goldstandard dann überall aufgegeben. So wie das gerade
dort drüben von den Leuten beschlossen wird", erklärt
das Fondolino.

„Da sieht man mal wieder, was Kriege außer dem Leid
noch so alles verursachen! Aber sehr interessant, dass der
Goldstandard dann ganz eingestellt wurde!", stellt Phill
fest. „Ja das stimmt mit den Kriegen. Mich überrascht das
jetzt aber auch mit dem Goldstandard", fügt Julian hinzu.

„Ja man musste damals reagieren. Trotz allem war der
Wert des Geldes aber bis in die 1970er Jahre in den USA
immer eng mit dem Goldpreis verbunden", erklärt das
Fondolino weiter.

„Das ist echt mal interessant. Vor allem wie man den
Ausgleich immer gemacht hat, aber wie macht man das
denn dann heute?", fragt Phill. „Genau. Es gibt ja jetzt
keine Gegensicherheit mit dem Gold", fügt Julian hinzu.

„Sehr gute Fragen, Jungs!", sagt das Fondolino und freut
sich. „Heute gibt es den Papiergeldstandard. Der birgt
aber erhebliche Risiken, weil, wie ihr festgestellt habt,
kein Gegengewicht mehr da ist. Die USA und auch andere
Staaten konnten ihre Staatsverschuldung deshalb sehr
hochsetzen und es gab viele Krisen!"

„Hm. Das war doch abzusehen, oder?", fragt Phill. „Ja das sollte doch jedem klar gewesen sein?", fragt Julian auch.

„Ja schon. Aber die USA hatten damals keine andere Chance, weil wieder mal ein Krieg hohe Kosten verursacht hatte. Man nennt es auch den Nixon-Schock. Nixon war damals der Präsident der USA und hat dann damals den Goldstandard ganz ausgesetzt. Mittlerweile hat sich alles eingependelt, aber es könnte immer mal wieder eine Krise durch dieses System ausgelöst werden. Deshalb beim Sparen nicht immer auf ein Pferd setzen. Also vielleicht trotzdem mal in Gold oder Silber investieren. Das ist immer sehr stabil", erklärt das Fondolino.

„Okay. Verstanden! Welche Krisen gab es denn?", sagt Phill. „Ja das wäre auch mal interessant!", fügt Julian hinzu.

„Nun z. B. gab es eine Immobilienkrise um 2008/2009 oder eine Staatsverschuldung 2011/2012. Dazu noch weitere. Daher ist es wichtig, bei Investments immer die Ruhe zu bewahren. Also wenn ihr z. B. mal an der Börse Aktien oder Fonds kauft", erklärt das Fondolino.

„Jap. Da wissen wir schon etwas Bescheid. Heute läuft das aber allgemein ja auch anders mit dem Bezahlen", sagt Phill. „Ja Fonds kennen wir!", fügt Julian stolz hinzu.

Das Fondolino freut sich sichtlich und sagt: „Das ist sehr schön! Ja in den Jahren hat sich das Geld natürlich weiterentwickelt und es gab immer neuere, auch schnellere Methoden, um zu bezahlen sowie den Geldfluss zu erleichtern. Das 20. Jahrhundert ist somit ein neuer Scheidepunkt des Geldes."

Die beiden nicken und hören gebannt zu.

„Also dass man so mit Karten bezahlen kann heutzutage, oder?", fragt Phill. „Ja oder man kann auch am PC was bezahlen", fügt Julian hinzu.

Das Fondolino lächelt und erklärt weiter: „Vor allem wurde viel im bargeldlosen Bereich gemacht. Also EC- oder Kreditkarten z. B.! Das sind die Karten, die du meinst, Phill. Darüber hinaus kam dann das Onlinebanking, das du meinst, Julian. Damit zahlt man eigentlich das meiste. Bargeld wird eher nur noch bei kleineren Einkäufen in der Regel eingesetzt. Die alten Kurantmünzen von früher werden nur noch als Wertanlagen benutzt. Also indem Anleger bzw. Sparer Goldmünzen kaufen. Viele kaufen Gold oder Silber allgemein. Das, was ich euch ja auch mal als Tipp gegeben habe."

„Sehr interessant und danke für den Tipp! Wie sich das mit den Banken entwickelt hat, wolltest du aber auch nochmal erklären bzw. wie das funktioniert", sagt Phill und lächelt. „Oh ja! Der ist gut! Das mit den Banken würde mich natürlich auch interessieren", fügt Julian hinzu.

„Das mache ich sehr gerne, aber ein andermal bzw. später. Jetzt müssen wir erstmal zurück. Ich merke nämlich, dass ich jetzt mal eine Pause brauche und mich quasi wieder aufladen muss. Das Zeitreisen ist nämlich auch etwas anstrengend für mich!", sagt das Fondolino und freut sich über die Fragen und die Begeisterung der beiden.

„Okay! Ich habe jetzt auch großen Hunger!", sagt Phill.
„Hunger ist gar kein Ausdruck!", fügt Julian hinzu.

Das Fondolino lächelt und fängt an zu leuchten. Es öffnet sich wieder ein Tunnel.

Die drei springen hinein. Es geht wieder rauf und runter. Als der Tunnel sich öffnet, landen sie gekonnt auf einer Steinplatte. Es ist aber megaheiß!

Das Fondolino macht riesige Augen und schaut so, als hätte es ich vertan. „UPS!", sagt es. „Wir sind gehörig in die falsche Richtung gereist. Wir sind sehr weit zurück. Also wie man sieht in eine Zeit, wo noch sehr viele Vulkane aktiv waren!"

„Ja das merke ich! Es ist H.E.I.S.S. Junge!", ruft Phill. „Das muss ich bestätigen!", ruft Julian ebenfalls.

„Sorry, ich bringe das in Ordnung!", ruft das Fondolino. „Ich bin wohl doch etwas müder als gedacht."

Das Fondolino fängt wieder an zu leuchten und es öffnet sich ein Tunnel etwas weiter weg.

„Es ist immer noch H.E.I.S.S., Junge!", ruft Phill erneut. „Ich glaube, mein Hintern brennt!", ruft Julian!

Das Fondolino schaut schnell nach den beiden und ruft: „Alles gut! Unsere Schutzfunktion wird schon aktiv und der Hintern brennt nicht! Lasst uns los zum Tunnel!"

Die drei rennen zum Tunnel und springen hinein! Es geht
wieder rauf und runter.

7. Die Rückkehr in die Fondolino AG & ein Gespräch mit Herrn Goldig

Der Tunnel öffnet sich und alle drei landen wohlbehalten
wieder in der Produktionshalle.

„Da wolltest du uns wohl nochmal auf Trab halten!", sagt
Phill und lacht. „Ja, aber immerhin ohne T-Rex!", sagt
Julian und lacht ebenfalls.

Das Fondolino lacht erleichtert und sagt: „Ja sorry! Da
habe ich mich echt nochmal vertan. Ich muss mich
erstmal ein bisschen ausruhen."

Die drei atmen erstmal ein paar Mal ein und aus nach
dem Sprint zum Tunnel.

Als sie sich erholt haben, schaut Phill auf die Uhr in der
Produktionshalle und sagt: „Komisch. Kann es sein, dass
wir immer noch die gleiche Uhrzeit haben, wie als wir
losgereist sind?" „Ja das stimmt. Ist die Uhr kaputt oder
warum ist das so?", fragt Julian.

Das Fondolino lächelt und sagt: „Ja das ist der Vorteil von
Zeitreisen. Wir waren jetzt ein paar Stunden unterwegs,
aber sind zur gleichen Zeit zurück. So hat der Egon das gar
nicht mitbekommen! Der wäre da nur nervös und hat
allgemein immer Angst, dass mich mal jemand entdeckt."

„Ach herrje!", sagt Herr Goldig laut und schlägt die Arme
über dem Kopf zusammen. Er steht grade im Eingang zu
dem Raum, wo die drei drin sind.

Das Fondolino macht direkt eine beruhigende Handbewegung zu ihm.

„Ihr habt also unser Fondolino kennengelernt!", sagt Herr Goldig etwas ruhiger und läuft auf die drei zu.

„Ja haben wir und es ist voll cool!", sagen die beiden gleichzeitig.

Herr Goldig lacht und sagt: „Ja das stimmt und es isst mir die ganzen Bonbons weg!"

„Ja und du kannst unbesorgt sein. Die Jungs sind richtig in Ordnung und cool!", sagt das Fondolino.

Herr Goldig wirkt schon viel entspannter und sagt: „Okay. Aber ihr dürft das niemandem sagen."

„Außer euren Eltern natürlich! Denen dürft und müsst ihr immer alles sagen. Egal wer euch darum bittet, ihnen mal etwas nicht zu sagen. Aber die bittet ihr dann darum, es nicht weiterzusagen. Die werden das euch zuliebe tun. Wenn sie euch denn überhaupt glauben, dass ihr einen blauen Plumps kennengelernt und mit ihm durch die Zeit gereist seid!", fügt das Fondolino hinzu und lacht.

Die beiden müssen auch lachen. „Na unsere Eltern glauben uns schon alles!", sagen beide gleichzeitig.

„Ja da hat das Fondolino recht! Nur bitte sonst niemandem erzählen. Sonst ist hier wer weiß was los!", sagt Herr Goldig und muss auch wegen dem Fondolino lachen.

„Moment!“, sagt Herr Goldig und wirkt ein wenig so, als wenn er graue Haare bekommt. „Du bist mit den Jungs durch die Zeit gereist?“

„Joa!“, sagt das Fondolino. „Ein bisschen und ich habe ihnen die Entwicklung des Geldes gezeigt!“

„Ja das war voll cool!“, rufen die beiden gleichzeitig.

Herr Goldig muss sich setzen. „Bist du verrückt geworden? Was da alles passieren kann!“, sagt er schließlich.

Das Fondolino guckt die beiden etwas hilfesuchend an und sagt: „Ach alles gut gegangen. Was soll da schon passieren!?“

„Eben! War echt megainteressant und ein cooles Reptil haben wir auch gesehen!“, sagt Phill mit einem Augenzwinkern. „Jap und schön warm war es auch!“, fügt Julian hinzu.

„Ein Rep… was? Ach, ich will es gar nicht wissen!“, sagt Herr Goldig und entspannt sich wieder. „Aber bitte nicht nochmal Fondolino. Das ist echt gefährlich. Ich finde es aber sehr gut, dass du den beiden das alles erklärt hast. Das geht aber auch an der Tafel oder so!“

„Ja, okay! Aber so war es glaube ich schon sehr viel interessanter“, sagt das Fondolino.

„Ja, auf jeden Fall!“, schießt es aus Julian heraus. „Kann ich nur bestätigen!“, sagt Phill lachend und nimmt Julian in den Arm.

„Okay und was habt ihr da gelernt und habt ihr vielleicht noch Fragen?", sagt Herr Goldig.

Die beiden berichten darüber, was sie so alles gelernt und erlebt haben auf der Reise. Außer die zwei nicht so glatt gelaufenen Landungen.

„Ja und am interessantesten fand ich dann, wie das Papiergeld dazukam und die Münzen sich in Deutschland entwickelt haben", sagt Phill. „Jap und wie es dann in Richtung der elektronischen Zahlungen ging", fügt Julian hinzu.

Herr Goldig ist beeindruckt! „Wow, da habt ihr euch aber gut was gemerkt!"

„Siehst du, was wohl doch ganz gut, dass ich mit den Jungs vor Ort war!", sagt das Fondolino grinsend.

Herr Goldig schaut das Fondolino etwas strafend an, aber auch er muss grinsen. „Trotzdem ist sowas gefährlich!", sagt er schließlich. Das Fondolino macht eine zustimmende Bewegung und sagt: „Ja aber ich bin doch ein Profi und passe auf. Aber ja, du hast recht!"

Die beiden müssen lachen. Herr Goldig denkt sich seinen Teil und zieht nur kurz die Augenbrauen hoch. Das Fondolino guckt die beiden kurz etwas hilfesuchend an und muss aber auch etwas lachen.

„Fragen haben wir aber auch. Zum einen wie es dann zu den Banken kam und das Fondolino sagte, dass es viele Menschen mit guten Ideen gab und vieles erfunden wurde. Wie setzt man so eine Idee um?", sagt Phill schnell, um vom Thema abzukommen. „Ja genau. Vor allem wie man so eine Idee auch bekannt macht!", schiebt Julian auch schnell hinterher.

Herr Goldig schaut die beiden und das Fondolino sichtlich beeindruckt an und sagt: „Das freut mich, dass ihr da so starke Fragen habt. Nun das mit den Banken wird euch das Fondolino bestimmt noch sehr gerne zeigen und erklären. OHNE Zeitreise BITTE! Bezüglich der Idee für eine Erfindung erzähle ich euch gerne etwas. Das Allerwichtigste: Wenn ihr einen Traum oder eine Idee habt, lasst euch nicht unterkriegen. Das gilt auch für die Idee, ein eigenes Unternehmen aufzubauen oder vielleicht auch einfach mal Sänger zu werden. Auch egal ob vielleicht als Künstler oder im neumodischen Internetzeitalter etwas zu tun. Lasst euch nie von jemandem sagen: „Du kannst das nicht. Es hat doch keinen Sinn, so etwas zu versuchen. Egal wer das in eurem Umfeld zu euch sagt. Manche möchten euch davon abhalten, etwas zu erreichen. Viele vielleicht nur um euch zu schützen und meinen es nicht böse. Es ist aber nicht hilfreich."

„Wie schützen?", fragt Julian. „Ja wovor denn und wer macht denn sowas?", fragt Phill auch und klopft Julian auf die Schulter.

Herr Goldig lächelt und sagt: „Nun es gibt immer wieder Menschen, die es besser wissen, aber selbst nie den Mut haben, etwas umsetzen und möchten es anderen dann vermiesen. Oder sie meinen es eigentlich gut und wollen einen vor einer Enttäuschung schützen. Manchmal klappt es nicht immer sofort und man muss auch Rückschläge einstecken können. Das ist so, wenn man ein

Unternehmen gründen möchte oder eine Idee umsetzen will.“

„Logisch!“, sagt Phill. „Es kann ja nicht immer alles klappen.“ „Ja, das ist doch normal!“, fügt Julian hinzu.

„Ja, das ist so!“, sagt Herr Goldig und freut sich über die beiden. „Ich finde es aber schade, dass manche Menschen so sind, denn jeder sollte den Mut haben, seinen Traum umzusetzen. Wenn es solche Menschen nicht geben würde, hätten wir wohl kaum Glühbirnen oder Flugzeuge. Ich finde, es gibt dazu einen sehr guten Satz! Was du träumen kannst, kannst du auch erreichen! Deswegen lasst euch da bitte nicht beirren. Ihr beide habt mächtig Potenzial.“

„Ja danke! Der Spruch ist aber richtig gut. Das klingt ein bisschen so nach einem meiner Lieblings-YouTuber. Der Max hat in der Schule angefangen und wurde von vielen dafür belächelt. Er hat aber immer einen Riesenspaß gehabt, verschiedene Spiele zu spielen und sich dabei aufzunehmen. Dann hat er einen Account bei YouTube gemacht und sich icrimax genannt. Ich glaube, in der neunten Klasse hat er mehr als seine Lehrer verdient!“, sagt Phill ganz stolz, weil er meint, es richtig verstanden zu haben. „Der Stanni ist aber auch voll cool!“, fügt Julian grinsend hinzu.

Herr Goldig ist begeistert und sagt: „Ja das ist ein sehr gutes Beispiel dafür, sich nicht beirren zu lassen. Ich kenne mich da jetzt nicht so aus mit diesem YouTube, aber dieser Max hat sich da in etwa sowas wie ein Unternehmen aufgebaut. Ganz toll, dass er es durchgezogen hat. Es ist aber auch wirklich sehr schwer da oder bei Instagram so bekannt zu werden. Man sieht aber, dass man belohnt wird, wenn man durchhält. Im Übrigen ist das für mich als Unternehmer auch sehr wichtig, meine Firma bei diesen Plattformen zu bewerben, also sichtbar zu machen. Wer ist dieser Stanni?“

„Auch ein cooler YouTuber!“, sagen beide gleichzeitig.

Das Fondolino und Herr Goldig müssen lachen.

„Okay, das ist nicht ganz unsere Welt!“, sagt das Fondolino. „Da seid ihr jungen Leute mehr im Thema. Aber ich denke, ich kann hier ein paar Punkte zusammenfassen von dem, was der Egon euch erklärt hat. Es ist wichtig, an seinem Traum oder seiner Idee festzuhalten und am besten ein Unternehmen daraus zu machen, wenn es geht. Sich nicht erzählen zu lassen, dass man etwas nicht kann. Und man muss kämpfen, wenn es mal Rückschlage gibt. Korrekt, oder?“

„Ja das hat du gut erkannt, mein liebes Fondolino!“, sagt Herr Goldig. „Habt ihr das so weit auch verstanden?“

„Ja klar!“, schießt es aus den beiden heraus.

„Das freut mich!“, sagt Herr Goldig. „Bevor ich uns nun was zu essen hole, möchte ich noch zwei Sachen sagen. Die Werbung, also das Sichtbarmachen, ist später dann mit das Wichtigste für eure Idee oder vielleicht auch euch als Marke. Wenn ihr z. B. Künstler oder Sänger werden wollt. Denn wenn das keiner sieht oder bemerkt, werden es viele verpassen und der Erfolg damit ist natürlich auch kleiner. Deswegen müsst ihr euch darum immer selber kümmern. Am Anfang werdet ihr euch daher oft fragen:

WIE mache ich das und das? Das ist normal, weil ihr viel Neues lernen und umsetzen müsst. Es ist immer viel Arbeit. Daher der Satz: Das Wort „selbstständig" kommt von „selbst" und „ständig". Wenn ihr aber dann erfolgreich und größer werdet, werdet ihr zum UNTERNEHMER. DANN bitte eins umstellen. Nämlich fragt euch ab dann: WER macht das für mich oder kann das? Ihr werdet dann nämlich in vielen Bereichen Wichtigeres tun."

„Okay, das machen wir dann, wenn es so weit ist!", sagt Phill und grinst. „Auf jeden Fall!", ergänzt Julian.

„Das ist schön, aber da könnt ihr ja sonst auch euren Vater fragen. Der ist ja auch ein sehr erfolgreicher Unternehmer. Ihr dürft mich und das Fondolino aber auch jederzeit fragen!", sagt Herr Goldig. „Wer hat denn jetzt Hunger?"

Alle rufen natürlich laut „ich!". Herr Goldig fragt, was jeder möchte und sammelt Bestellungen zu Döner, Pizza und Pasta ein.

„Okay. Ich besorge dann man alles. In der Zeit kann das Fondolino euch ja noch zwei Beispiele zu dem Thema geben, das wir grade besprochen haben. Ach ja. Bist du sicher, dass du auch Hunger hast, Fondolino? Du hast doch bestimmt wieder das halbe Lager leergefuttert", sagt Herr Goldig und lacht.

„Haha! So viel habe ich auch nicht gegessen! Klar habe ich Hunger!", sagt das Fondolino und muss lachen.

„War ja auch nur ein Spaß!", sagt Herr Goldig und geht Richtung Ausgang der Halle.

„Ja, das weiß ich! So bis der Egon wieder da ist, kann ich
euch gerne von den beiden Beispielen erzählen, wie
Unternehmen von ich sage mal Träumern oder auch
Persönlichkeiten, die etwas erreichen wollten, aufgebaut
worden sind. Oder wir reisen da einfach schnell hin!", sagt
das Fondolino.

„Ja cool!", rufen die beiden und lachen!

8.   Die Reise zu den Unternehmerbeispielen

„Okay, dann lasst uns mal los!", sagt das Fondolino grinsend und fängt an zu leuchten, während es sich vergewissert, dass Herr Goldig auch wirklich aus der Halle raus ist.

Der Tunnel öffnet sich und die drei springen hinein. Es geht wieder runter und hoch. Alle haben riesig Spaß!

Als der Tunnel sich öffnet, landen alle sehr weich im Sand.

Phill schaut sich um fragt: „Wo sind wir hier?", Julian guckt sich auch alles genau an und fragt dann: „Warum sind wir denn grade hier?"

„Wir sind hier im sogenannten Wilden Westen bei den Goldsuchern! Das war damals eine richtige Hysterie, als man festgestellt hat, dass es hier Goldvorkommen gab. Die Leute kamen von überall her, um hier nach Gold zu schürfen", erklärt das Fondolino.

„Da ist das liebe Gold wieder!", schießt es aus den beiden heraus.

Das Fondolino muss lachen und erklärt weiter: „Ja aber Gold hat hier nur eine Nebenrolle. Es geht um den jungen Mann dahinten mit dem großen Wagen!"

Die beiden schauen sich den Mann an. Er hat einen ganzen Wagen voll Stoffe.

„Sieht aus, als ob der da Zelte draufhat!", stellt Phill fest. „Ja und sehr viele!", fügt Julian hinzu.

„Ja das ist richtig! Dieser junge Mann hat gehört, dass alle hierhin wollen, um Gold zu schürfen. Also hat er sich gedacht, dass viele schnell hier hinwollen und dann erst merken, dass sie ein Zelt benötigen! Er hat dann sein ganzes Geld genommen und Stoffe für Zelte gekauft. Dann ist er schnell hier hingereist!", erklärt das Fondolino.

Phill und Julian versuchen, sich das Lachen zu verkneifen, als sie sich umsehen. „Ja, das ist dann wohl nicht so gut gelaufen. Ich will jetzt auch nicht lachen, weil es gemein ist, aber ich muss sagen, dass das gerade etwas lustig ist!", sagt Phill. „Jap. Dumm gelaufen würde ich sagen bei den ganzen Zelten hier. Wäre schon gemein, wenn wir jetzt laut loslachen!", fügt Julian hinzu.

Es sind wirklich sehr viele Zelte hier überall zu sehen.

„Es ist nett von euch, da nicht zu schadenfroh zu sein, aber keine Sorge. Das war natürlich schon ein harter Schlag für den jungen Mann, aber er hat sich nicht unterkriegen lassen! Schaut, was er macht!", sagt das Fondolino.

Der Mann beobachtet nämlich die Goldschürfer. Die Hosen haben alle Löcher an den Knien.

„Hm. Er hat jetzt alle genau beobachtet und geht wieder zu seinem Wagen!", sagt Phill. „Ja was macht er denn jetzt?", fragt Julian.

„Nun nachdem der junge Mann festgestellt hatte, dass die Hosen der damaligen Zeit mit ihrem dünnen Stoff alle durch das ständige Knien im Sand kaputt gingen, entschied er sich, aus seinem Zeltstoff, der viel dicker war,

Hosen für die Goldschürfer zu nähen. Somit war die LEVIS Jeans entstanden!", erklärt das Fondolino.

„Was echt jetzt?", hallt es aus den beiden heraus.

„Jap. Ein perfektes Beispiel dafür, wie man mit Rückschlägen umgehen kann. Er hätte auch einpacken und nach Hause fahren können. So hat er seinen Traum in die eigene Firma umgesetzt. Okay vielleicht nicht mit dem Ursprungsgedanken, aber er hat gut reagiert!", sagt das Fondolino.

„Wahnsinn. Echt großen Respekt. Hätte nicht gedacht, dass die Jeans so entstanden sind!", sagt Phill begeistert. „Oh ja. Nicht ansatzweise!", fügt Julian hinzu.

Das Fondolino freut sich und sagt: „Schön, dass euch das erste Beispiel gefällt. Dann mal los zum zweiten!"

Das Fondolino fängt an zu leuchten und ein Tunnel öffnet sich. Die drei springen hinein. Es geht mal wieder rauf und runter.

Als sich der Tunnel öffnet, landen die drei weich auf einer Wiese vor einem Haus. Es ist Nacht.

„Cooles Haus, aber warum sind wir hier und vor allem warum nachts?", fragt Phill. „Ja! Bisher waren wir immer tagsüber unterwegs!", fügt Julian hinzu.

„Das liegt daran, dass wir da vorne jetzt etwas beobachten können! Achtet mal auf das Haus!", sagt das Fondolino. Die beiden schauen gespannt aufs Haus und sehen, wie sich ein Fenster öffnet.

Ein Jugendlicher klettert mitten in der Nacht aus dem Fenster heraus und läuft los.

„Warum macht er das denn? Will er auf ′ne Party?", fragt Phill. „Ja, was sonst?", fragt Julian auch.

„Nun der sehr junge Mann da vorne wollte unbedingt das Programmieren lernen. Zur damaligen Zeit gab es aber keine PCs oder Laptops, geschweige denn Smartphones oder Tablets zu Hause. Um so etwas lernen zu können, musste man in eine Uni. Die Computer von damals waren riesengroß und standen deshalb nur in Firmen oder Unis. Die Zeiten waren aber voll, als er anfragte. Ihm wurde gesagt, es sei immer jemand am Computer. Er hatte aber ein Ziel und bohrte immer nach. 24 Stunden lang fragte er. Schließlich bekam er die Antwort, dass zwischen 2 Uhr nachts und 6 Uhr morgens keiner am Computer sei. Also schlich er sich eines Nachts raus und lief bis zur Uni, die sehr nah am Haus seiner Eltern war, programmierte in der Zeit und ging dann wieder nach Hause, wo er sich dann wieder reinschlich", erklärt das Fondolino.

„Wow Respekt!", sagen beide gleichzeitig.

„Das kann man so sagen! Als er schließlich mit seinem Studium fertig war, konnte er auf gute 10.000 Stunden Programmierzeit zurückblicken. Somit war er weiter als alle anderen und konnte sein Ziel umsetzen. Sein Name ist Bill Gates!", erklärt das Fondolino weiter.

„Nein der Typ von Microsoft!?", fragt Phill. „Der mit Windows und so!?", fragt Julian.

„Ja das habt ihr richtig erkannt! Er ist quasi dafür verantwortlich, dass jeder mit so einem PC arbeiten kann.

Er hat noch einige weitere schlaue Schachzüge gemacht, um das alles zu erreichen, aber dazu später. Jetzt erstmal zurück und was essen!", sagt das Fondolino.

Das Fondolino fängt wieder an zu leuchten und ein Tunnel öffnet sich. Die drei springen hinein.

Es geht wieder drunter und drüber. Als der Tunnel sich öffnet, landen die drei wieder wohlbehalten in der Produktionshalle.

Auch in etwa zur gleichen Zeit, wie sie abgereist sind. So bekommt Herr Goldig wenigstens nicht wieder einen Schwächeanfall oder regt sich auf.

„So das haben wir ja gut abgepasst!", sagt das Fondolino grinsend. „Der Egon müsste aber gleich mit dem Essen kommen."

„Jap das passt. Ich hab aber auch Hunger nach der ganzen Reiserei. Echt interessant die beiden Geschichten mit Herrn Levis und Herr Gates. Da sieht man, dass man echt nicht aufgeben darf und auch mal auf eine Situation gut reagieren muss", sagt Phill beeindruckt. „Auf jeden Fall! Vor allem das Durchhaltevermögen von Herrn Gates war ja krass. Jede Nacht sich da rauszuschleichen und dann auch noch genug Schlaf zu bekommen!", fügt Julian ebenfalls beeindruckt hinzu.

Das Fondolino ist sehr zufrieden und sagt: „Das habt ihr sehr gut verstanden. Merkt euch eins. Nicht die Umstände, die vorliegen, sind entscheidend, sondern wie wir darauf reagieren! Das seht ihr an diesen Beispielen!" „Besser kann man es nicht sagen!", sagt Phill. „Jap da gebe ich dir recht!", sagt Julian.

Die drei quatschen noch ein bisschen darüber, als Herr Goldig endlich mit dem Essen kommt.

„Juhu!", rufen alle.

Herr Goldig lächelt und sagt: „Ich hab jetzt aber auch richtig Hunger bekommen. Das riecht so lecker."

Die vier essen erstmal in Ruhe und ausführlich. In der Zeit berichten die beiden von ihren Erlebnissen und alle vier sprechen über die Geschichten von Herrn Levis und Herrn Gates.

„Das war alles echt megainteressant!", sagt Phill nochmal. „Ja da kann ich nur beipflichten!", fügt Julian hinzu.

„Da habt ihr ja schön was dazugelernt über das gute Geld und das Fondolino hat euch noch zwei perfekte Beispiele zu Unternehmern aufgezeigt. Im Übrigen finde ich gut, dass du das mal so erklärt hast, ohne Zeitreisen!", sagt Herr Goldig.

Das Fondolino räuspert sich, zwinkert mit dem Auge zu den beiden und sagt: „Ähm natürlich. War mir eine Freude!"

Die beiden müssen auch grinsen.

„Ja aber eins fehlt noch. Du wolltest uns noch etwas zu den Banken sagen und seit wann es die gab!", sagt Phill schnell. „Oh ja. Das interessiert mich dann aber auch noch sehr!", fügt Julian ebenfalls schnell hinzu.

„Okay, das stimmt!", sagt das Fondolino und holt schnell ein Flipchart heran. Das Fondolino fängt an, etwas aufzuzeichnen.

„Also hier nochmal kurz, bevor ich mit den Banken anfange, eine Übersicht zur Entwicklung des Geldes“, sagt das Fondolino.

Er zeichnet eine Übersicht, die grob das Ganze umfasst.

„Cool. Das können wir uns so ganz gut merken oder Julian!?“, sagt Phill. „Jap. Das ist so perfekt zusammengefasst Phill. Du hast recht“, sagt Julian.

Das Fondolino lächelt zufrieden. Auch Herr Goldig nickt zustimmend.

„Okay, nun einmal kurz zu den Banken und wie die funktionieren. Zur Geschichte schreibe ich hier gleich mal ein paar Sachen auf. Da müssen wir eigentlich mal eine ausführliche Reise zu machen ein andermal!“, sagt das Fondolino.

„Oh ja!“, sagen die beiden gleichzeitig. Herr Goldig räuspert sich laut. Das Fondolino lächelt und sagt mit einer beruhigenden Handbewegung: „Ja nicht heute und da passiert schon nix. Ich übe vorher auch!“

„Ja, dass passt schon!“, sagen die beiden Grinsenden. Herr Goldig schlägt die Hände über dem Kopf zusammen. Aber er muss schon etwas lächeln. Er mag es, wie interessiert und mutig die beiden sind. Außerdem weiß er auch, dass das Fondolino bestimmt sehr gut aufpassen wird auf die beiden. Er entspannt sich wieder. Mittlerweile sind auch alle mit dem Essen fertig und trinken noch was.

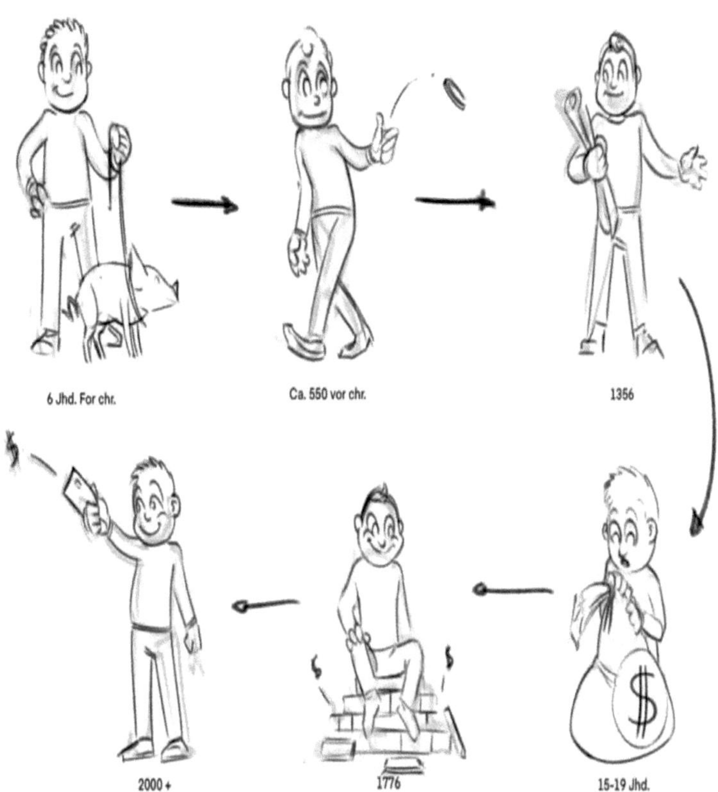

6 Jhd. For chr.
Ca. 550 vor chr.
1356
2000 +
1776
15-19 Jhd.

9. Die Welt der Banken und was ist eine Bank eigentlich

„Also eine Bank ist strenggenommen auch ein Unternehmen bzw. eine Firma. Dieser kann man sein Geld zur Aufbewahrung geben und macht dafür ein Konto auf. Da wird dann Buch über die Einzahlungen und Auszahlungen geführt. Man kann sein Geld dort auch in eine andere Währung ändern. Auch kann man heutzutage Geld online überweisen. Das Wort ‚Bank‘ kommt übrigens aus dem Italienischen und heißt ‚Tisch‘. An so einem Tisch hat man ganz früher nämlich immer das Geld gewechselt", erklärt das Fondolino.

„Ah okay. Also wenn ich jetzt nach Amerika fahre, tausche ich mein Geld in Dollar um, weil sonst muss ich das ja noch kaum in Europa oder!?", sagt Phill. „Ja genau. Wenn wir nach Italien fahren, zahlen wir auch mit dem Euro wie hier in Deutschland!", fügt Julian hinzu.

„Das ist richtig!", sagt das Fondolino lachend. „Heut gibt es die Europäische Union und eine einheitliche Währung größtenteils. So muss man nicht mehr wechseln. Früher musste man dann z. B. die D-Mark in italienische Lire wechseln. Somit hat das was Gutes und auch nicht so Gutes!"

„Wie meinst du das?", fragt Phill. „Ja erklär das mal bitte!", fragt Julian ebenfalls.

Das Fondolino lächelt und erklärt: „Nun früher hat man sehr viele Lire für die D-Mark bekommen. Somit konnte man vieles sehr viel günstiger einkaufen."

„Ah okay! Verstehe", sagt Phill. „Jap das war bestimmt cool!", sagt Julian.

„Auch wurde die D-Mark gern von den Italienern genommen. Die DM war immer sehr wertvoll! Dafür hatte man aber immer die Tauscherei. Dafür wurden auch Gebühren genommen. Heutzutage zahlt man überall gleich. Gefühlt kostet nun auch alles überall dasselbe. Daher Vor- und Nachteile des Ganzen!", erklärt das Fondolino weiter.

„Stimmt schon. Also irgendwie wurde das Geld dann etwas weniger für uns wert, oder? Wie verdienen solche Banken denn ihr Geld?", fragt Phill. „Ja ich würde auch sagen, dass man beim Urlaubmachen jetzt mehr Geld ausgeben muss. Genau umsonst werden die Banken ja nicht arbeiten. Nur von dem Geldwechseln können die ihre Leute ja auch nicht bezahlen!", sagt Julian.

„Genau. Banken finanzieren sich über Gebühren. So ziemlich für alles. Überweisungen oder Kontoführungen z. B.!", sagt das Fondolino.

„Okay und bei diesen Krediten verdienen die auch diese Zinsen, oder?", fragt Phill. „Ja da haben wir letztens mal was von gehört!", fügt Julian hinzu.

„Korrekt. Wenn sich jemand Geld von der Bank leiht, um z. B. ein Haus zu bauen oder zu kaufen, bezahlt er dafür Zinsen. Sowas wie eine Leihgebühr. Das gibt es auch bei einem Autokauf oder bei einer Finanzierung oder beim Leasing sowie wenn jemand sein Unternehmen vergrößern möchte und sich dafür Geld leiht!", erklärt das Fondolino.

„Okay verstanden. Es gibt aber auch viele Banken, oder?“, fragt Phill. „Ja Sparkasse usw. oder?“, fragt Julian ebenfalls.

„Ja es gibt sogar unterschiedliche Arten von Banken. Es gibt einmal die Staatsbank. Das ist die Einzige, die auch Geld herstellen darf. Also wie früher das Münzrecht. Dann gibt es sogenannte Privatbanken. Das sind dann solche Banken wie z. B. die Sparkassen oder ING-Diba etc.! Diese Banken müssen aber natürlich dann gewissen Regeln und Auflagen folgen!“, erklärt das Fondolino weiter.

„Regeln? Auflagen?“, sagen beide gleichzeitig. „Ja es gibt Vorlagen, was eine Bank so alles erfüllen muss und z. B. die Einlagensicherung. Diese muss eine Bank haben. Dies besagt, dass, wenn diese Bank mal pleitegeht, ja das kann auch einer Bank passieren, müssen 100.000 € gesichert sein pro Kunde. Also bis maximal 100.000 €. Also wenn der Kunde 50.000 € auf dem Konto hatte, ist er natürlich dann auch nur bis 50.000 € geschützt. Hat jemand 150.000 € auf dem Konto, ist er bis 100.000 € geschützt. Wenn jemand verheiratet ist, also als Ehepaar ein Konto hat, sind diese Einlagen bzw. Ersparnisse bis 200.000 € geschützt. Das Ganze passiert über einen Einlagensicherungsfonds und ist gesetzlich festgelegt!“, sagt das Fondolino.

„Okay also, wenn ich jetzt 300.000 € hätte, müsste ich dies auf drei Banken verteilen, um auf Nummer sicher zu gehen!?“, fragt Phill. „Jo und wenn man mal verheiratet ist und man 600.000 € hat, sollte man jeweils 200.000 € auf insgesamt drei Banken verteilen!?“, fügt Julian hinzu.

10. Der Tag geht zu Ende & auf nach Italien

Das Fondolino freut sich über die Beteiligung der beiden und sagt: „Korrekt. Grundsätzlich ist es aber eher unwahrscheinlich, dass sowas passiert. Aber bitte aufpassen bei zusammengehörigen Banken!"

„Zusammengehörige?", schießt es aus den beiden heraus.

„Ja genau! Die Deutsche Bank und die Postbank z. B. gehören zusammen. Da würde diese Einlagensicherung dann aufgerechnet. Also strenggenommen hätte eine Einzelperson dann nur 50.000 € und ein Ehepaar dann nur 100.000 € pro Bank gesichert!", sagt das Fondolino.

„Wow. Das ist ja kompliziert, aber auch megainteressant! Jetzt raucht mir aber der Kopf", sagt Phill. „Und meiner erst! Aber echt superinteressant!", sagt Julian.

Herr Goldig applaudiert und sagt: „Super erklärt, Fondolino und super verstanden, ihr beiden. Das ist beeindruckend gewesen!"

Das Fondolino freut sich sehr und sagt: „Ja ihr habt super aufgepasst. Es hat mir riesig Spaß gemacht."

„Herzlichen Dank für alles. Wir werden jetzt auch gleich abgeholt, weil wir noch für den Italienurlaub packen müssen!" sagt Phill und freut sich richtig. „Ja wir fahren in zwei Tagen los und müssen noch einiges einkaufen!", fügt Julian hinzu.

„Ja das stimmt. Euer Vater müsste gleich kommen!", sagt Herr Goldig.

„Dürfen wir denn wiederkommen und du erzählst uns noch was zu der Geschichte der Banken!?", fragt Phill. „Oh ja bitte!", sagt Julian auch schnell.

„Ja klar dürft ihr wiederkommen! Ich würde mich sehr freuen!", sagt das Fondolino und lächelt.

„Super, da freue ich mich riesig! Jetzt freu ich mich erstmal auf ganz viel Pizza in Italien!", sagt Phill. „Ja ich auch! Wenn wir in drei Wochen mit unseren Eltern zurück sind, kommen wir sofort", sagt Julian.

Die beiden verabschieden sich und gehen mit Herrn Goldig zum Ausgang.

„Ich habe mich auch sehr über euren Besuch gefreut und wünsche euch einen schönen Urlaub. Ihr seid jederzeit herzlich willkommen und grüßt eure Eltern von mir!", sagt Herr Goldig.

„Machen wir!", sagen beide gleichzeitig.

Sie winken dem Fondolino nochmal.

„Ich freu mich auch auf euch! Ich wünsche euch einen schönen Urlaub!", sagt das Fondolino.

„Wir freuen uns auch! Vielen lieben Dank noch für alles!", sagt Phill. „Ja auf jeden Fall freuen wir uns. Auch von mir nochmal vielen lieben Dank!", sagt Julian.

Die beiden winken ganz doll und gehen aus der Halle heraus. Sie sehen ihren Vater, der mit dem Auto wartet und laufen freudestrahlendend auf ihn zu. Er begrüßt und umarmt die beiden. Sie steigen ein und fahren vom Hof.

11. Fortführung der Unternehmensarten

Man da war ja was los. Also damit hatte ich jetzt nicht gerechnet. Du etwa? Ich bin mal gespannt, ob es da nicht noch ein Abenteuer der beiden mit dem Fondolino geben wird. Was meinst du?

Okay ich war jetzt aber auch bei den Unternehmensarten stehen geblieben. Gerne erkläre ich die übrigen noch einmal kurz. Neben den bereits erklärten Unternehmen gibt es ja noch die nur kurz erwähnten UGs, OHGs und auch GmbH & Co KGs!

Ein UG ist eine sogenannte Unternehmergesellschaft. Man sagt auch 1-€-GmbH dazu. Einige nennen sie so, weil sie eigentlich nichts anderes als eine GmbH ist. Der Unterschied ist nur, dass man sie tatsächlich mit dem Startkapital von 1 € gründen kann. Dies ist gerade für junge Gründer bzw. Unternehmer eine tolle Sache. Sie haben die beschränkte Haftung einer GmbH, aber müssen nicht 12.500 € bzw. 25.000 € Startkapital einlegen. Man muss aber immer von den Gewinnen einen Teil zurücklegen, und zwar so lange, bis man irgendwann bei den 25.000 € ist, und darf dann in eine GmbH umwandeln. Das macht Sinn, weil diese einfach besser angesehen ist und man auch mehr Bonität damit hat. Ich persönlich nenne sie daher lieber Start-up oder Grow-up UG. Weil Sie ein Chancengeber ist. Sie ist das Gegenstück zur englischen Limited. Ltd. Da kann man auch mit 1 € starten.

Eine OHG ist eine sogenannte Offene Handelsgesellschaft. Im Endeffekt ist es so etwas wie ein Einzelunternehmen.

Allerdings wird diese Form oft dann angewendet, wenn z. B. zwei Personen ein Unternehmen zusammen gründen wollen. Meist sind diese beiden vorher als Einzelunternehmer unterwegs. Um dann zu fusionieren, also zusammenzugehen im geschäftlichen Bereich, wird dann oft diese Form angewendet. Haftungstechnisch etc. ähnlich wie ein Einzelunternehmen. Es macht dann hier aber immer Sinn, dass beide Personen vertraglich festhalten, wer was innerhalb der Firma machen darf. bzw. was die Firma genau macht. Denn jeder haftet für den anderen in dieser Firma mit. Kauft also einer der beiden 10 oder 20 Ferraris, muss der andere dafür mit gradestehen, wenn dies nicht vertraglich geregelt ist. Dies kann man wie bei der GmbH oder UG mit einem Gesellschaftsvertrag regeln.

Die GmbH & Co. KG ist eine sogenannte Mischform. Auf der einen Seite ist die bekannte GmbH und auf der anderen die KG, eine Kommanditgesellschaft. Im Endeffekt wird dies aus haftungstechnischen, aber auch steuerrechtlichen Gründen gewählt.

Die KG, also Kommanditgesellschaft selbst, ist eine abgeänderte Form der OHG. Hier können auch zwei Personen gründen. Der eine haftet dann aber mit allem, was er hat und nennt sich dann „Komplementär". Der andere haftet nur mit einer Einlage, also dem, was er an Geld einlegt und nennt sich „Kommanditist". Auch hier ist ein Gesellschaftervertrag Pflicht.

In der beifügten Skizze siehst du eine Übersicht der gängigsten Firmen- oder auch Unternehmensformen in Deutschland.

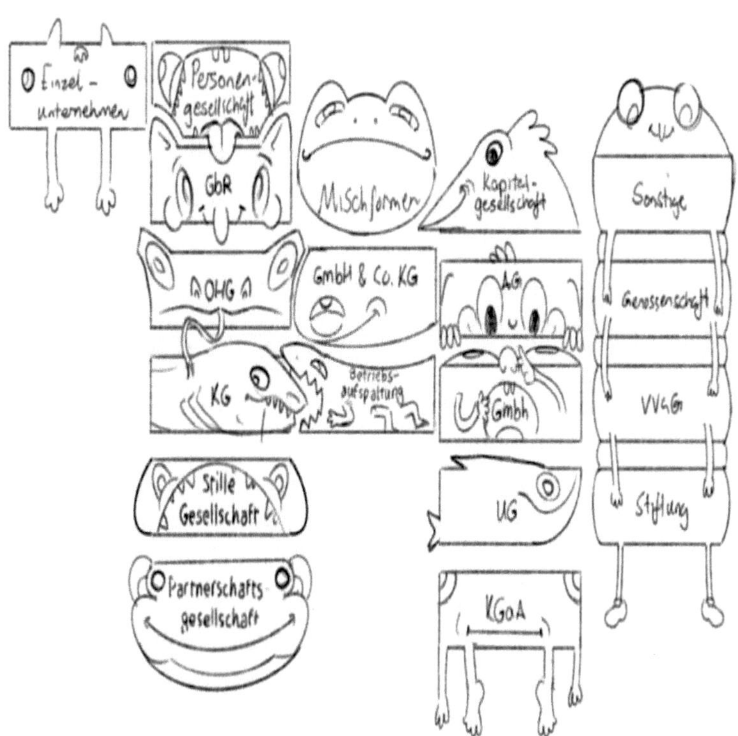

Einzel-unternehmen
Personen-gesellschaft
GbR
Mischformen
Kapital-gesellschaft
Sonstige
OHG
GmbH & Co. KG
AG
Genossenschaft
KG
Betriebs-aufspaltung
Gmbh
VVaG
Stille Gesellschaft
UG
Stiftung
Partnerschafts-gesellschaft
KGaA

12. Was können wir aus der Geschichte lernen?

Ich hoffe, ich konnte dir die Unternehmen in Kurzform gut erklären und es war nicht zu langweilig. Was aber können wir denn aus der Geschichte von Fondolino und Phill sowie Julian lernen? Bzw. was das Fondolino gesagt hat.

Zum einen, dass es immer wichtig ist, dass du dir nicht sagen lässt „Du kannst etwas nicht" oder dass du für etwas nicht gut genug bist. Natürlich können wir alle kein Supertennis- oder Fußballprofi werden, aber in gewissen Bereichen können wir alles erreichen, was wir wirklich wollen. Und wo steht denn geschrieben, dass, wenn man nicht hart genug arbeitet, zumindest in die Richtung eines Profis kommt? Manchmal braucht man auch ein bisschen Talent oder Glück. Im Grunde merke dir aber eines. Alles, was du dir erträumen kannst, kannst du auch erreichen. Ein Satz, den ich mal gehört habe. Ich finde, er sagt viel aus. Wenn du also irgendwann mal einen Traum von einem eigenen Unternehmen oder eine tolle Idee zu einer Erfindung hast, gibt nicht auf und suche so lange, bis du Leute findest, die dich unterstützen wollen. Nimm Kritik von Leuten an, die da sind, wo du hinmöchtest. Die also bereist das geschafft haben, was du erreichen möchtest. Kritik von Leuten, die es nicht geschafft oder gar nicht erst versucht haben, kannst du übersehen. Das zählt im Berufsleben, aber auch bereits als Kind, wenn du etwas lernen möchtest oder dir etwas vornimmst. Gehe selbst aber bitte dann auch so mit deinen Mitmenschen um und ermutige sie eher, als ihnen zu sagen, dass sie etwas nicht können. Im Leben geht es darum, nicht immer nur die Fehler zu sehen, sondern mehr auf das Gute und Geschaffte zu schauen.

Auch sollte man keine Geheimnisse vor seinen Eltern haben. Deine Eltern sind normalerweise immer die Menschen, die das Beste für dich wollen und immer für dich da sein werden. Wenn also jemand sagt, dass du etwas deinen Eltern nichts sagen sollst, solltest du ihnen das gerade dann sagen. Das zählt auch, wenn z. B. mal Freunde und du vielleicht Unsinn gemacht habt. Ja manchmal bekommt man dann vielleicht auch Ärger, aber meistens wird Ehrlichkeit belohnt und man bekommt eher das Verständnis, als wenn man lügt oder etwas verheimlicht.

Auch fand ich die Beispiele sehr wichtig. Einmal die von Herrn Levis und Herrn Gates. Beide recht bekannt und sehr erfolgreiche Persönlichkeiten wie Unternehmer. Man sieht an den Geschichten, dass den beiden nicht viel geschenkt wurde. Die Lehre daraus ist zum einen, dass, wenn man ein Ziel hat bzw. ein Unternehmen gründen möchte, auch mal mit Rückschlägen umgehen muss und dann halt reagieren muss. So wie bei Herrn Levis.

Bei Herrn Gates war es die Reaktion auf die überfüllten Programmierplätze. Er fragte so lange nach, bis man ihm sagte, dass die Plätze nachts frei waren. So kam er auch auf seine Programmierstunden. Das ist jetzt aber kein Aufruf, dass du dich nachts auf dem Haus schleichen sollst: Programmieren kann man mittlerweile auch zu Hause!

Die Grundlehre aber ist und das merke dir bitte: Die Umstände, die vorliegen oder auf zu uns zukommen, können wir in der Regel nicht beeinflussen, aber wie wir darauf reagieren!

13. Ein kleiner Test

Nun im Gegensatz zu den meisten Büchern dachte ich mir, hier mal etwas anders zu machen. Damit du mal schauen kannst, was du gelernt hast, hier ein kleiner Test. Vielleicht kannst du das Buch auch mal mit in die Schule nehmen oder hast es da kennengelernt und machst mal einen Test mit deinen Freunden. Hast du gut aufgepasst? Dann los. Du kannst gerne hier reinschreiben oder auf einem Extrazettel die Antworten vermerken.

1.) Was ist einfach gesagt eine Aktie?

2.) Was wurde mit der Goldenen Bulle erlaubt?

3.) Woraus besteht ein Dachfonds?

4.) Wann gab es die ersten Banknoten und wo?

5.) Wann gab es die ersten Münzen und wo?

6.) Was besagte der Goldstandard?

Na alles gewusst? Dann hast du gut aufgepasst.

Es ist aber auch nicht schlimm, wenn du dir nicht direkt alles merken konntest. Dann liest du es einfach nochmal oder blätterst erneut in den richtigen Bereichen. Hier gerne die Lösungen nochmal. Aber nicht lunkern, also gucken, bevor du den Test gemacht hast. Eine Aktie ist ein Teil eines Unternehmens. Also ein Unternehmensanteil. Bei der Goldenen Bulle wurde den Fürsten in Deutschland erlaubt, ihre eigenen Münzen zu pressen. Ein Dachfonds besteht aus zahlreichen Fonds, von denen er Teile kauft. Die ersten Banknoten entstanden im 11. Jahrhundert in China. Die ersten Münzen gab es im 5 Jahrhundert im westlichen Lydien. Also in der heutigen Türkei. Der Goldstandard besagte, dass immer nur so viel Geld im Umlauf sein durfte, wie der jeweilige Staat an Geld besaß.

Ist mal ganz interessant, das alles zu erfahren, oder? Wichtiger finde ich jedoch, dass man einfach weiß, wie die Börse an sich funktioniert und was z. B. eine Aktie ist. Dass man darüber hinaus seine Ziele auch immer verfolgt und nicht aufgibt. Auch sollte man immer ehrlich zu seinen Eltern und Mitmenschen sein sowie andere so behandeln, wie man auch behandelt werden möchte. Auch dass man weiß, wie man mit seinem Geld arbeiten kann.

Aber das Wichtigste ist immer noch Gesundheit und sehr viel Spaß an allem zu haben!

© 2024 Patrick Möller
Verlag: BoD • Books on Demand GmbH, In de Tarpen 42, 22848 Norderstedt
Druck: Libri Plureos GmbH, Friedensallee 273, 22763 Hamburg
ISBN: 978-3-7597-5915-3

14. Schlusswort

Ich hoffe, das Buch hat dir gefallen und du konntest einiges lernen. Das Buch habe ich geschrieben, weil es mir wichtig ist, dass Kinder und Jugendliche bereits lernen können, was z. B. eine Aktie oder die Börse ist. Leider ist dies noch nicht Bestandteil unseres sonst recht guten Schulsystems. Denn dieses Wissen ist für das Leben sehr wichtig und es fehlt daher auch vielen Erwachsenen. Um aber später eine gewisse finanzielle Freiheit zu erhalten, ist es unabdingbar, so etwas zu wissen. Es macht auch einfach alles viel einfacher. Daher würde ich mich sehr freuen, wenn das Buch (oder Teile davon) mal im Unterricht an Grundschulen oder weiterführenden Schulen Platz findet.

Wenn du Fragen zum Buch hast oder dich vielleicht über eine Fortsetzung freuen würdest, kannst du mir gerne eine E-Mail an leserbrief@fondolino.de schicken.

Ich würde mich sehr über eine Rückmeldung freuen. Auch über die von Lehrern, die das gut finden, mehr Material haben wollen oder vielleicht sogar Anregungen haben, was man anders oder besser im Unterricht umsetzen kann.

Die Hauptsache aber ist, dass du etwas gelernt hast und auch noch Spaß dabei hattest. So lernt man im Allgemeinen immer am besten. Dann lassen wir uns mal überraschen, ob es eine Fortsetzung der Abenteuer geben wird.